本书出版受以下项目资助
浙江省软科学重点项目"浙江阳光科技政务指数构建研究"(2018C25032)
浙江省规划一般课题"'八八战略'的实践基础与时代意义"(17LLXC04YB)

中社智库 地方智库报告
Local Think Tank

浙江法治政府
第三方评估的理论与实践

王崟屾 ◎ 著

中国社会科学出版社

图书在版编目(CIP)数据

浙江法治政府第三方评估的理论与实践/王崟屾著.—北京：中国社会科学出版社，2019.12

(地方智库报告)

ISBN 978-7-5203-5727-2

Ⅰ.①浙… Ⅱ.①王… Ⅲ.①社会主义法制—研究报告—浙江 Ⅳ.①D927.71

中国版本图书馆 CIP 数据核字 (2019) 第 257674 号

出 版 人	赵剑英
责任编辑	马　明
责任校对	任晓晓
责任印制	王　超

出　　版	中国社会科学出版社
社　　址	北京鼓楼西大街甲 158 号
邮　　编	100720
网　　址	http://www.csspw.cn
发 行 部	010-84083685
门 市 部	010-84029450
经　　销	新华书店及其他书店
印　　刷	北京明恒达印务有限公司
装　　订	廊坊市广阳区广增装订厂
版　　次	2019 年 12 月第 1 版
印　　次	2019 年 12 月第 1 次印刷
开　　本	787×1092 1/16
印　　张	14.25
字　　数	188 千字
定　　价	68.00 元

凡购买中国社会科学出版社图书，如有质量问题请与本社营销中心联系调换
电话：010-84083683
版权所有　侵权必究

自　序

以"法治评估"为主题的跨学科、多领域的"法治思想风暴"近年来在国内迅速成为"热搜"话题之后，经久不衰，不仅引发理论界热议，而且颇受实务界关切。尤其是2013年党的十八届三中全会提出"建立科学的法治建设指标体系和考核标准"这一新时代的新命题，"法治评估"俨然成为一门"显学"。一方面，承继前期实践经验，各地各部门根据中央新要求，纷纷出台或修订各自的法治建设指标体系（包括但不限于法治政府建设指标体系），力求在全国率先实现新时代法治中国建设新目标，彰显法治软实力或"法治GDP"之新优势；另一方面，理论界基于早期的"香港法治指数"与"余杭法治指数"等量化原理与技术的研发与阐述，又相继建构了司法透明度、司法公信力、政府透明度、法治环境等各类指标体系，并付诸应用，社会影响力日增，并且顺应了20世纪80年代以来在全球兴起的以"评估国家"来代替"管制国家"的改革浪潮。其中，无论是作为目的的法治评估，还是作为手段的第三方评估，均属于"舶来品"，但一经引入中国，却迅速与中国现代转型法治的理念与实践相契合，并不断推陈出新，成为中国法治运行实践的一个有机组成部分。

管窥所及，既有的各类法治评估，最具中国特色、地方特征以及实践性的，当属法治政府建设评估。自2008年深圳率先破题，各地各级政府依托中央顶层设计，或者确切地说，中央有关法治政府建设的"纲领性文件"（如《全面推进依法行政实施纲要》），根据实践创新，推出各自法治政府建设指标体系，以进行彰显地方特色的制度创新试验，不断践行和丰富着法治政府建设指标体系构想。"法与时转则治"，在此背景之下，浙江承继"法治浙江"建设的先行优势，按照走在前列的新要求，于2013年10月印发《浙江省法治政府建设实施标准》，在全国率先建立起"政府绩效评价＋第三方评价＋群众满意度评价"三维一体法治政府建设（依法行政）新模式。按照省政府统一要求，第三方评估工作由浙江省社会科学院承担。浙江省社会科学院由此成立了法治政府建设专业机构评估工作领导小组办公室，具体负责实施全省的法治政府建设第三方评估工作。笔者有幸全程参与了此项工作，故而在本书的写作中也援引了历年的评估成果。

"坐而论道，不如起而行之。"本书的写作始终坚持了问题导向，既有理论，又有实践。第一，结合国内外文献与评估实践，重点论述了为什么要进行法治评估，为什么要进行第三方评估，阐明了法治第三方评估在新时代中国勃发的必然性；第二，借鉴社会学一般理论，从微观层面勾勒了法治政府评估的原理；第三，以浙江政务公开、法治政府建设等评估实践为印证，展现了浙江法治政府以及政务公开第三方评估的理念、指标体系、过程等。同时，为让读者或者关注浙江法治政府建设的理论界对浙江法治政府建设第三方评估的全流程、各环节有更深入、全面的了解，本书还以附录形式载明了浙江法治政府第三方评估过程的征询函、反馈意见以及指标体系等示例，以供参考。

当然，本书立意虽有"自谓颇挺出，立登要路津"的倾向，亦希望"李邕求识面，王翰愿卜邻"，但这仅是个人美好的愿望，特别是涉及评估工作，作为主观判断，当然见仁见智。最后，虽不说"著书皆为稻粱谋"，但如笔者曾经所言，在既有的各类考评体制之下，著作出版也是重要一环，我是俗人，不能视虚名为浮云，也难以免俗。浙江省软科学重点项目"浙江阳光科技政务指数构建研究"（2018C25032），浙江省规划一般课题"'八八战略'的实践基础与时代意义"（17LLXC04YB），浙江省宣传文化系统"五个一批"人才，浙江省"新世纪151人才工程"第二层次，浙江省社会科学院专项课题"政府信息公开工作年度报告发布情况评估研究——以浙江为例""进一步推进法治政府建设的对策研究"以及"2018年法治政府建设专业机构评估总报告""法治政府建设专业机构评估专项经费"等项目的资助为本书的顺利启动与出版提供了强有力的支撑，在此深表谢意。

王崟屾
2019年10月31日

目 录

导言 为什么要进行第三方评估 …………………… （1）
 一 为什么要进行法治第三方评估？ …………………… （5）
 二 法治评估的背景与渊源 …………………… （8）

第一篇 理论篇

第一章 法治政府第三方评估原理 …………………… （45）
 一 概念 …………………… （46）
 二 维度 …………………… （52）
 三 指标 …………………… （57）

第二章 法治政府建设第三方评估的浙江探索 …………………… （66）
 一 制度滥觞：实践需要与理论推动 …………………… （67）
 二 评估实践：基本思路与主要内容 …………………… （70）
 三 代结语 …………………… （81）

第二篇 实践篇

第三章 浙江政务公开第三方评估报告 …………………… （85）
 一 评估概况 …………………… （85）
 二 评估得分情况 …………………… （91）

三　浙江省各地各部门在信息公开方面取得的成就 …… （93）
　　四　政府信息公开工作尚需解决的问题 ………………（105）
　　五　关于进一步深化公开工作的建议 …………………（121）

**第四章　浙江法治政府建设第三方评估报告
　　　　　（2017 年）**………………………………………（125）
　　一　2017 年度第三方评估工作新思路新举措 …………（125）
　　二　2017 年度第三方评估体系主要指标及
　　　　测评方法 …………………………………………（129）
　　三　第三方评估结果及其分析 …………………………（134）
　　四　2018 年度第三方评估工作的基本设想 ……………（148）

**第五章　浙江法治政府建设第三方评估报告
　　　　　（2018 年）**………………………………………（151）
　　一　2018 年第三方评估工作基本情况 …………………（151）
　　二　2018 年第三方评估体系主要指标及测评方法 ……（157）
　　三　第三方评估结果及其分析 …………………………（163）
　　四　2019 年第三方评估工作基本设想 …………………（182）

**第六章　反思：第三方评估是昙花一现还是历久
　　　　　弥坚？**………………………………………………（185）

附　录 ……………………………………………………………（192）

后　记 ……………………………………………………………（218）

导言　为什么要进行第三方评估

　　评估是现代社会的一项发明。一方面它与经济和社会进步、努力向上和做得更好的愿景联系在一起，另一方面它也有助于人们相信社会发展的可行性和可控的影响性。评估不仅为发展过程中所带来的光芒提供了解释和宣传的工具，而且为力图对工作流程施加有针对性的影响提供了调控的工具。除此之外，评估还适合进行反思，是对现代社会进行自我批判的一种工具。①

——［德］赖因哈德·施托克曼

　　良法美策，贵在执行。政策目标的最终实现有赖于有效的执行。② 政府是政策制定、执行和评估的主体。③ 作为现代社会的一项发明，借助评估，不仅可以了解政策干预的预期效果，而且可以了解非预期效果，为社会反思提供经验基础。评估可以由被评估者自己进行（自我评估），也可以由评估发起者对被评估者进行（内部评估），还可以由与评估者和被评估者无利害

---

① ［德］赖因哈德·施托克曼、沃尔夫冈·梅耶：《评估学》，唐以志译，人民出版社2012年版，第2—3页。
② 颜昌武：《第三方评估不能仅是一种衡量工具》，《学习时报》2016年1月4日第5版。
③ 王健、李钰、南平：《第三方评估》，《中国工商管理研究》2015年第9期。

关系的第三方进行（外部评估）。与被评估者自己进行的自我评估和评估者对被评估者进行的内部评估不同，第三方评估是由评估主体和被评估主体之外的与二者无利害关系的外部主体进行的评估。通常第三方评估机构由专业人士组成，拥有专业的技术水平，管理科学、信息透明、态度中立，评估结果公正客观，具有独立性、科学性、权威性、公正性和客观性等显著特点，在各类评估中发挥着独特的作用。①

与现代法治理念与实践一样，第三方评估也是"舶来品"，源于20世纪20年代欧美发达国家的政策外部评估，并于80年代引入中国。② 作为一种外部制衡机制，国内外的经验已经表明，开展第三方评估有助于避免相关机构自我评价的局限，客观科学地评价工作的成效、发现存在的问题；有助于针对问题找出解决方案，实现科学决策和精细化管理；有助于改变过去相关机构自说自话、自我表扬、公信力差、话语权缺失、评价结果与公众感受不一致的情况；有助于通过评估与比较，褒扬先进，引领发展方向，解决法治发展和深化改革动力不足的问题。可以说，第三方评估对重塑政府机构的公信力具有巨大的作用。③

党的十八大以来，全面深化改革进入各种矛盾叠加、风险隐患集聚的深水区，社会矛盾急剧增加、社会价值观多变多样多元，社会结构日益复杂，政府政策不再"有确定输入就是有确定输出"，政策的制定和执行的难度越来越大，且面临着诸多不确定性。随着传统"全能政府"向现代"有限政府"转变，

---

① 杨小军、陈庆云：《法治政府第三方评估问题研究》，《学习论坛》2014年第12期。
② 王健、李钰、南平：《第三方评估》，《中国工商管理研究》2015年第9期。
③ 吕艳滨、田禾：《政务活动第三方评估应注意的九个问题》，《中国党政干部论坛》2016年第8期。

政企分开、政资分开、政事分开、政社分开，政府凭借自身的力量难以把握政策制定与落地执行的全部细节。这从一些地方和部分领域改革中不同程度浮现的"中梗阻""天花板""等绕拖"等难题也可见一斑。①"凡益之道，与时偕行。"在这种情况下，引入第三方评估，借助更多的外部"智慧"制定和评估政策，最大限度地保证实现政策的预期目标，就成为中国改革不断深化和治理能力不断强化的必然结果。而且，"外部评估对组织中有改革意愿的人赋予了额外的合法性及影响力，而这正是推进改革进程所必需的"。②

党的十八大以来，中央政府高度重视第三方评估工作，并将其视为政府推进治理现代化的一项重大创新。2014年6月，国务院督察工作首次引入对政策落实情况的第三方评估；同年8月27日，李克强总理主持召开国务院常务会议，听取了政策落实第三方评估汇报，并强调要用第三方评估促进政府管理方式改革创新，通过加强外部监督，更好地推动国务院各项政策的落实。《2015年国务院政府工作报告》更是明确肯定2014年政府工作"引入第三方评估和社会评价，建立长效机制，有力促进了各项工作"。2015年8月26日，李克强总理在国务院常务会上进一步明确了突破"自说自话"式绩效评估的路子在于推进第三方评估，并把它提升到"创新本届政府管理方式"的高度，"第三方评估是本届政府创新管理方式的重要措施，通过加强外部监督，更好推动国务院各项政策措施落实"，"第三方机构在评估中做了大量工作，既展现了宏观整体情况，又做了典型案例剖析。对评估成果应当给予充分肯定，对他们提出的建

---

① 张林山、孙凤仪等：《改革梗阻现象：表现、根源与治理》，社会科学文献出版社2017年版，第5页。
② [德]赖因哈德·施托克曼、沃尔夫冈·梅耶：《评估学》，唐以志译，人民出版社2012年版，第89页。

议和问题,要高度重视"。① 随着国家顶层设计的不断谋划与探索,以及在中央"探索引入第三方评估改革成效"② 精神指导下,第三方评估渐成政府管理新常态。

"物之不齐,物之情也。"就当下实践而言,除却"第三方评估",目前还有"第三方评价"一说,那么,在谈及"第三方评估"之际,首先直面的问题是,到底是"评估"还是"评价"。有学者在考察了"评估""评价"等词源之后,认为,"评估"一词来自中古英语,意义最为宽广,同时包容"测量"和"评价"的主客观含义;同时,在他看来,"测量"一词来自古法语,是以数字的形式展示某类事物或事件,有着很强的客观色彩,在自然科学和社会科学领域应用广泛;"评价"一词也源自古法语,是对某一客体之价值、意义的认定,主观特征突出,一般用于社会领域和各种人类活动。③ 德国学者更是进一步指出,"评估"一词来源于拉丁文中的"valor"(价值)和前缀"e"以及"ex"(来源)的组合,从中可以得出,评估是"从某事中获得价值",也就是进行评价。④ 就一般而言,虽然"评估"与"评价"两者在理论上还是有所差别的,但这两者在方法、技术和模型构建等问题上却是可以相互借鉴的,甚至已达到了非常高的融合度。⑤ 因此,就本书而言,"评估"与"评价"做同义使用,但会根据语境的需要而有所交替。

---

① 尚虎平、王春婷:《政府绩效评估中"第三方评估"的适用范围与限度——以先行国家为标杆的探索》,《理论探讨》2016年第3期。
② 转引自袁莉《全面深化改革第三方评估的制度构建研究》,《江汉论坛》2016年第11期。
③ 孟涛:《论法治评估的三种类型——法治评估的一个比较视角》,《法学家》2015年第3期。
④ [德]赖因哈德·施托克曼、沃尔夫冈·梅耶:《评估学》,唐以志译,人民出版社2012年版,第67页。
⑤ 屈茂辉、匡凯:《社会指标运动中法治评价的演进》,《环球法律评论》2013年第3期。

一 为什么要进行法治第三方评估?

作为一项蓬勃发展的事业,第三方评估在我国从无到有、从弱到强,已经渐成党委政府应对新时代新挑战、引导中国走上正确轨道的重要手段。目前,从国务院到各部委、地方政府,都开始大规模地引入第三方评估。[①] 综观既有的第三方评估领域,既有政府绩效评估,又有立法评估(包括立法前评估与立法后评估),还有政策落实督察评估。[②] 其中,无论是政府绩效评估、是立法评估,还是政策落实督察评估,其共同关注的核心要素就是制度,既包括制度建立与否,又包括制度的具体运行情况。而制度因素恰是法治主要的考察对象。[③] 由此可知,我国既有的第三方评估,以制度因素为牵引,内蕴法治评估基因。这也从一个侧面解释了为何立法评估、法治政府建设指标体系评估、法治指数评估等各类法治评估在各地频繁兴起,且屡屡成为政府绩效评估关注的热点。

法治评估,基于评估法治状况和现实发展的需要而兴起。综观我国相关研究,主流观点是将法治指数、法治建设指数、法治政府指标乃至立法评估、政府透明度指数、司法透明度指数、司法公信力指数、电子政府发展指数等所有与法治相关的评估体系,均视为广义的法治评估类型。[④] 与法治评估认知的主

[①] 唐伟:《第三方评估关键在于独立》,《中国青年报》2014年12月16日第2版。

[②] 杨小军、陈庆云:《法治政府第三方评估问题研究》,《学习论坛》2014年第12期。

[③] 钱弘道、戈含锋、王朝霞、刘大伟:《法治评估及其中国应用》,《中国社会科学》2012年第4期。

[④] 钱弘道、杜维超:《法治评估模式辨异》,《法学研究》2015年第6期。

流观点相呼应,学术界有关法治评估的定义也不尽一致,虽然法治评估、法治指数、法治计量分析等概念已在实践中被广泛同义使用。[1]

具体而言,目前围绕法治评估的概念认识,在主流的"广义说"之下,基于法治与评估的关系,又大致形成了三种代表性的描述性定义。一是"量化论"。该定义将法治评估等同于法治指数,认为"法治指数是衡量法治发展状况的重要尺度,是用模型和指标体系对法治发展状态进行量化评测的一种数据结果"[2]。随后,还有学者进一步提出"量化法治实践"[3]"量化法治"[4] 的概念。二是"指标论"。该定义将法治评估等同于法治(评估、评价)指标,强调运用法治指标来描述、衡量和评估法治存在与否及其实际状况,认为"指的是在理论和实践的结合意义上建立并运用来对一个国家、地区或者社会的法治状况进行描述和评估的一系列相对比较客观量化的标准"[5]。此外,还有学者进一步提出,"法治评估指通过建立法治指标及其他实证方法对国家、地区抑或是社会的法治状况进行评价的系统工程"[6]。三是"绩效论"。该定义强调法治评估的本质是法

---

[1] 王勇:《论法治评估的功能局限与实践定位——基于"法治"与"评估"的双重困境》,《中国法律评论》2018 年第 3 期。

[2] 田禾:《法治指数及其研究方法》,《中国社会科学院研究生院学报》2015 年第 3 期。

[3] 郑智航:《中国量化法治实践中的定性与定量——以地方法治评估实践为研究对象》,《东北师范大学学报》(哲学社会科学版)2016 年第 6 期。

[4] 戢浩飞:《量化法治的困境与反思——基于法治评估体系实施状况的视角》,《天津行政学院学报》2014 年第 4 期。

[5] 侯学宾、姚建宗:《中国法治指数设计的思想维度》,《法律科学》2013 年第 5 期。

[6] 张德淼:《法治评估的实践反思与理论建构——以中国法治评估指标体系的本土化建设为进路》,《法学评论》2016 年第 1 期。

治的绩效管理，认为"法治评估本质上是绩效评估与绩效管理思想、方法在法治领域的应用，是以'法治'为目标和对象进行的法治绩效管理和目标管理"①。其间，还有学者进一步提出"法治绩效主义"的概念用以概括法治指数。② 以上三种代表性观点虽各有侧重，但均将法治的范畴置于评估的体系之内进行整体衡量，无一例外，均认可并强调指标体系的重要性。指标体系作为指针对同一研究对象从同一个方面的不同角度或从不同的方面进行观察、测度或测量而构建的相对全面反映研究对象特征的一组指标，③ 实际上即按照不同的方式确定地在一项评估中所运用的标准，解决的是"根据哪些标准进行评估"的问题。④ 由此可见，法治评估与指标体系密切相关。当然，法治评估对指标体系的建模以及广泛应用，也从内容端印证了法治评估研究源于社会指标运动。⑤

"多言数穷，不如守中。"针对学界经常对法治评估模式给出的"一元化表达"，也有学者进行了反思，认为我国法治评

---

① 王朝霞：《法治评估的作用机理、实践指向及其优化——余杭实验的分析》，载李瑜青、张斌主编《法律社会学评论》（第3辑），上海大学出版社2016年版，第263页。

② 尹奎杰：《法治评估绩效主义逻辑的反思与重构》，《社会科学战线》2018年第2期。当然，也有学者认为既有的法治评估，特别是法治政府评估本质上属于目标考核，目的在于提高政府法治的执行力，简单将目标考评办法运用于法治政府评价可能导致理论与现实的双重困境，认为法治政府评价应逐渐由目标考评转型为绩效评价。相关论述参见郑方辉、尚虎平《中国法治政府建设进程中的政府绩效评价》，《中国社会科学》2016年第1期。

③ 伍业锋：《统计指标的概念、角色及其抽象》，《暨南学报》（哲学社会科学版）2011年第5期。

④ ［德］赖因哈德·施托克曼、沃尔夫冈·梅耶：《评估学》，唐以志译，人民出版社2012年版，第85—89页。

⑤ 屈茂辉、匡凯：《社会指标运动中法治评价的演进》，《环球法律评论》2013年第3期。

估实践中存在治理型与管理型两种评估模式，二者在方法、目标、主体和后果上均存在着结构性的差异。① 就本书所提及的法治评估而言，秉持问题导向与效果导向相统一，从提升法治评估的实效性，更好地服务于全面依法治国工作的角度，采用学界主流的"广义说"，以是否建立指标体系为形式标准，兼顾法治思想的指数化塑造之实质标准，认为法治评估包括但不限于法治指数、法治建设指数、量化评估、量化法治、法治量化评估、法治绩效评估、法治评价等概念。本书中，上述概念同义使用。

二　法治评估的背景与渊源

中国的法治评估，既接受了域外法治评估的经验，也是法治建设发展到一定阶段的必然产物。一方面，法治评估（法治指数）"舶来品"的性质使得它可以与国外的法治评价理论迅速对接，这大大提高了其发展的速度。所以国内法治建设评价的理论发展历程在很大程度上是国外法治评价理论的移植过程。② 另一方面，以2005年香港法治指数的率先引入为契机，2007年余杭法治指数为中继，中国的法治评估走出了一条点③面④结合、由地方⑤、

---

① 钱弘道、杜维超：《法治评估模式辨异》，《法学研究》2015年第6期。
② 屈茂辉、匡凯：《社会指标运动中法治评价的演进》，《环球法律评论》2013年第3期。
③ 指的是"法治专项评估"，如2000年前后开始的立法后评估，具体参见陈书全《论立法后评估常态化启动机制的构建》，《现代法学》2012年第2期。
④ 指的是"法治综合性评估"，典型如余杭法治指数。
⑤ 典型如地方法治政府建设指标体系。具体参见陈柳裕《法治政府建设指标体系的"袁氏模式"：样态、异化及其反思》，《浙江社会科学》2013年第12期。

行业①到全国②的实践之路。同时，在实践与理论的互动之下，法治评估作为法治的推进机制与制度创新，内嵌于中国的法治建设工作之中，从属于全面依法治国基本方略，"抓手"的工具属性鲜明，备受官方青睐。2013年11月，中国共产党十八届三中全会提出"建立科学的法治建设指标体系和考核标准"；2014年10月，中国共产党十八届四中全会又提出"把法治建设成效作为衡量各级领导班子和领导干部工作实绩重要内容，纳入政绩考核指标体系"。在此背景之下，有学者指出，"这标志着'量化法治'正式从'江湖之远'走上了'庙堂之高'，从'理论探讨'迈入了'顶层制度设计'，从'微观基层试验'步进到'宏观实施机制有序运行'阶段，开辟了'法治中国'建设的新路径、新境界"③。更有学者进一步指出，以前述两次会议各自通过的决定为分界线，法治评估正面临转型，其已有效链接国家治理体系与治理能力，对法治评估的认识应当置于国家治理体系和治理能力现代化的框架之中。④ 以上种种，说明法治评估已"飞入寻常百姓家"，并成"风景"，且在中国的热度已经超过世界上任何国家。"落其实者思其树，饮其流者怀其源。"由此，我们有必要回溯一下法治评估兴起的背景与渊源。

---

① 如原国家工商总局颁布并实施的《工商行政管理机关法治工商建设评价指标体系》，以及江苏省财政厅颁布的《法治财政建设指标体系》。
② 典型如2008年开始全国普法办组织开展的全国法治城市、法治县（市、区）创建活动，具体参见孙建《我国法治城市评估的发展与现状研究》，《中国司法》2014年第3期。
③ 徐汉明：《论法治建设指标体系的特性与功能》，《法学评论》2016年第1期。
④ 钱弘道、王朝霞：《论中国法治评估的转型》，《中国社会科学》2015年第5期。

(一) 域外社会思潮引领下的知识输出

法治评估是法治理论的一场革命,它一改法治理论抽象玄虚、思辨的传统形态,使其与客观现实结合起来,变得可以测量或感知。[①] 从某种意义上讲,这种表现法治状况的形式具有科学主义的外观,与20世纪60年代发生在美国的社会指标运动和"法律与发展运动"密切相关。

1. 社会指标运动

实际上,在法治评估的发展历程中,相较于林林总总的法治理论而言,指数方法的贡献是决定性的:法治评估是对法治思想的指数化塑造。所谓指数,就是把许多项目结合起来,以成为一个单一的分数数值。[②] 作为一种描述性工具,指数最早运用于经济领域,如早在1764年,意大利人卡利就使用指数描述物价涨跌情况,至迟于"二战"之后,指标的影响扩大到社会领域,其结果就是著名的"社会指标运动"。[③] "尽管人类从有史以来就开始运用指标,但有意识地运用指标来判断社会状况则是近年来的事情。"[④] "社会指标运动"作为理念、理论和方法传播的手段,以指标设定、权重设置和指标体系构建为中心,强调具体性、计量性、数量性,在不同的学科中得到承继和发展。而基于科学方法的法治评估即是社会指标运动在法学领域的承继与发展。20世纪80年代初,随着我国社会科学研究领域

---

① 孟涛:《中国大陆法治评估运动的回顾、述评与前瞻》,《人大法律评论》(2014年卷第2辑),法律出版社2015年版,第43页。
② [美]劳伦斯·纽曼:《当代社会研究法:质化与量化取向》,王佳煌等译,台北学富文化事业有限公司2014年版,第299页。
③ 彭宗超、李贺楼:《社会指标运动缘起、评价及启示》,《南京社会科学》2013年第6期。
④ [美]克利福德·科布、克雷格·里克斯福德:《社会指标的历史教训》,宾建成编译,《经济社会体制比较》2011年第5期。

开始关注并引介社会指标及其构建研究之后，综合社会指标体系、部门社会指标体系、专题社会指标体系等迅速建立和发展，法治指标则是前述各类指标体系的主要内容之一。①

具体而言，国内法治评估理论在"社会指标运动"的促进下，综合借鉴法学、管理学、经济学、统计和计量学等知识，从早期的价值分析、规范分析和逻辑分析等定性方法为主，逐渐呈现出多样化、系统化和数理化的趋势，且开始直接适用国外先进模型，用数学方法、计量方法等进行政策评估和法治评价，并产生了一批较有影响力的研究成果。② 概言之，与经济社会领域指标繁荣兴旺的局面相比，政治法律领域的指标出现相对较晚，至今也不过20多年的历史。③

2. 法律与发展运动

作为测量的正义，法治评估除却因受"社会指标运动"影响强调"量的数据"④而具有科学主义外观之外，从一开始，还与著名的"法律与发展运动"结下不解之缘。⑤ 自"二战"结束以来，西方发达国家亟待通过有效且有力的发展政策实现经济振兴、扩大社会福利。为了保证发展政策的科学性和可测性，以美国为代表的西方发达国家尝试通过收集一系列关于经济和社会发展的指标数据来描述、分析和评估当前国内发展政策的实施绩效。在这股"社会指标运动"的感召下，"法律与发

---

① 朱庆芳、吴寒光：《社会指标体系》，中国社会科学出版社2001年版，第28—40页。

② 屈茂辉、匡凯：《社会指标运动中法治评价的演进》，《环球法律评论》2013年第3期。

③ 孟涛：《法治的测量：世界正义工程法治指数研究》，《政治与法律》2015年第5期。

④ 郑杭生、李强、李路路：《社会指标理论研究》，中国人民大学出版社1989年版，第24页。

⑤ 鲁楠：《世界法治指数的缘起与流变》，《环球法律评论》2014年第4期。

展运动"开启了法律指标化操作的早期实践。① 1968年,美国学者伊万建立了一个法律指标体系,该体系包括70项具体指标,其中法律指标主要有以下7个:每1000人口的法律学生数,每1000人口的法律教授数,每1000人口的律师数,每1000人口的立法数,离婚率,自杀率,违法率。1979年,美国斯坦福大学法学院梅里曼、克拉克与弗里德曼等人出版《大陆欧洲和拉丁美洲的法律与社会变化》一书。在该书中,他们选取了智利、哥伦比亚、哥斯达黎加、意大利、秘鲁和西班牙六个国家作为观察样本,并建立了一套法律制度分析结构。这一个结构由立法、行政、司法、私法行为、法律执行、法律教育和法律职业六个范畴组成,在每个范畴中围绕机构、工作人员、程序和消耗资源四个维度进行评估。② 就此,他们采取了对法律制度进行定量描述的方法,并在此基础上倡导"定量比较法"。当然,这些研究仅仅是学术的探讨,并没有在实践中予以展开。不过,法治指数的实证研究方法却悄然兴起。

3. 全球范围内法治评估的兴起

20世纪90年代前后,在国际政策领域,一股重视并加强法治的趋势正在世界各国兴起。越来越多的人相信,与民主、人权乃至发展这些词语相比,法治显得更加吸引人,更能够化解分歧,取得共识,也相对容易嵌入各种迥然不同的社会语境。基于早期法律指标运动的经验积累、政策实践的需要和理论实践的积累,在西方发展援助机构的强力推动下,共同促进了法治评估运动的全球兴起。在此背景下,自1996年开始,来自世界银行的Kaufmann Daniel和Kraay Aart和Zoido Pablo三位学者,在整合来自国际政府组织和非政府组织的各种指标数据基础上,共同推出

---

① 朱力宇、郭晓明:《从运动到领域:21世纪"法律与发展"的多维面相》,《北方法学》2018年第3期。

② 朱景文:《现代西方法社会学》,法律出版社1994年版,第43—45页。

了一套能够有效评估世界各国治理状况的全球治理指数（Worldwide Governance Indicators/WGI）。全球治理指数的六个聚合性测评维度即包括法治。① 其中，法治指标下的次级指标涵盖了合同执行，财产权保护，知识产权保护，逃漏税，人口贩卖，暴力犯罪，有组织犯罪，司法程序的公开性、独立性和快速性，征用，国有化等方方面面内容，且在不同的年度会做出各种调整。② 2005 年，世界银行正式发表《国别财富报告》，并明确提出了"法治指数"这一概念，用来表述和评判一国人民守法意识的意愿以及对该国法律制度的信任程度。此时，西方对法治的看法是将其视为一国的无形资产，在国家间的经济合作与交往中、世界银行对其成员国的经济援助决策中发挥着决策依据的作用。随着全球治理指数在国际上与日俱增的影响力，作为指数重要组成部分的法治，与世界银行所倡导的善治理念紧紧绑定在一起。有学者指出，根据法治评估是否独立，可以把国际法治评估分为两大类型：附属的法治评估和独立的法治评估。世界银行全球治理指数推出的"法治指数"依附于"治理"等理念之下接受测评，属于附属的法治评估。③ 至于较早开展的独立的法治评估，从既有的公开文献来看，当属美国国际开发署的法治评估。实际上，美国国际开发署也是当今法治评估运动的强力推动者之一。④ 作为

---

① 除法治之外，还包括发言权与问责、政局稳定与无暴力、政府效能、监管质量以及腐败控制等。关于全球指标指数的进一步论述，可参考游腾飞《西方如何隐蔽性建构国际制度性话语权——"世界治理指数"的剖析及其启示》，《探索》2017 年第 3 期。

② See "Governance Matters VIII: Aggregate and Individual Governance Indicators, 1996 – 2008", World Bank Policy Research Working Paper, No. 4978, 2009, p. 5.

③ 孟涛：《国际法治评估的种类、原理与方法》，《清华法治论衡》2015 年第 2 期。

④ 朱力宇、郭晓明：《从运动到领域：21 世纪"法律与发展"的多维面相》，《北方法学》2018 年第 3 期。

美国对外援助政策最主要的执行机构，为了确定未来的援助重点和任务，美国国际开发署会评估援助国的法治状况和援助成效。目前能够公开查到1996年美国国际开发署对柬埔寨的法治评估报告。①

4. 世界正义工程法治指数

作为当前全球唯一一个专门测量法治水平的国际指数——世界正义工程（the World Justice Project/WJP）法治指数，由于各国专家和民众的广泛参与以及指标体系的普适性，已经引起世界各国学者和政府的重视，并成为中国法治评估的重要借鉴。②世界正义工程法治指数作为衡量各国法治发展程度的综合数据库，旨在为政策制定者、商业机构、非政府组织和选民提供一个独立的数据资源，以便把握由普通人感知或体验的一个国家或地区的法治情况，并在与其他国家或地区法治强弱程度的比较中，通过年度报告的形式追踪最新的法治动态变化状况，从而为世界各国加强法治建设提供一面"镜子"。③自2008年第一份法治评估报告问世以来，世界正义工程的国际影响力逐年提升，评估对象已从首次评估的6个城市扩展至2019年的全球126个国家或地区；同时，指标体系也日臻科学完善，从2008年的4项内容表达烦琐的普遍原则、13个因子④、50个次级因

---

① 孟涛：《国际法治评估的种类、原理与方法》，《清华法治论衡》2015年第2期。

② 钱弘道、戈含锋、王朝霞、刘大伟：《法治评估及其中国应用》，《中国社会科学》2012年第4期；张保生、郑飞：《世界法治指数对中国法治评估的借鉴意义》，《法制与社会发展》2013年第6期；孟涛：《法治的测量：世界正义工程法治指数研究》，《政治与法律》2015年第5期，等。

③ 张保生、郑飞：《世界法治指数对中国法治评估的借鉴意义》，《法制与社会发展》2013年第6期。

④ WJP把指标称为"因子"（factor）。具体有关论述参见孟涛《法治的测量：世界正义工程法治指数研究》，《政治与法律》2015年第5期。

子，凝练为2019年的4项内容表达简洁的普遍原则、9个因子、44个次级因子。对此，有学者分析认为，"指标并非越多越好，体系的复杂程度与科学性也并非成正比。对指标体系进行科学、合理设计，加以整合优化才是最佳选择"①。

法治评估不是简单地对法治发展的各个方面进行数量化处理，首先要解决的是对有着不同社会结构、处于不同社会发展水平的国家或地区，按照统一标准进行法治评估的可能性问题。② 法治是一个既具有普遍性又具有特殊性的概念，普遍性是对不同国家和地区进行法治评估的基础。问题在于什么是普遍性。法治的普遍性必须从所有国家治理的模式中，寻求最大公约数。而世界正义工程比较了当前影响最大的两种法治理论——形式法治理论与实质法治理论，参考了塔玛纳哈、皮文睿等权威法治理论家的学说，③ 并通过召开世界正义论坛的方式，在听取和综合世界各国专家意见的基础上，④ 立足于对人性的理性怀疑与对权力滥用的担忧，确定了法治的四项基本原则：①政府及其机构和人员、个人以及私人企业受制于法律；②法律系统是否廉洁、公开、稳定和公正，法律是否公平适用以及保障人身和财产安全在内的基本权利；③立法、行政和执法过程的可及性、公正性和有效性；④司法是否被具有胜任力、道德感以及独立性的专业人士及时实现，中立人员是否数量充足、资源充沛并反映他们服务对象的发展情况。2017年，世界

---

① 周尚君、彭浩：《可量化的正义：地方法治指数评估体系研究报告》，《法学评论》2014年第2期。

② 朱景文：《论法治评估的类型化》，《中国社会科学》2015年第7期。

③ 孟涛：《法治指数的建构逻辑：世界法治指数分析及其借鉴》，《江苏行政学院学报》2015年第1期。

④ 张保生、郑飞：《世界法治指数对中国法治评估的借鉴意义》，《法制与社会发展》2013年第6期。

正义工程在其报告中对法治四项原则进行了凝练：①可计算性；②正义之法；③透明政府；④争端解决的可及性和公正性。法治的共性特征决定中外法治评估指标的可行性，但有学者在对世界正义工程法治指数的技术路径与价值偏差进行分析后，清醒地指出，"蓬勃发展中的 WJP 法治指数犹如特洛伊木马正在向被评估国不断辐射，深嵌其中的美国法治价值也随之隐秘地向他国输送"①。更有学者进一步指出，世界正义工程的法治框架体系实际上是对西方法治政府体制的提炼，是西方宪政体制的缩写。②

国际法治评估实践的日益增长，以及指标治理的广泛运用，引起了联合国的关注和亲身投入。按照联合国对法治的理解，2008 年 6 月，联合国维和行动部、人权事务高级专员公署、政治事务部、法律事务厅、儿童基金会、开发计划署、妇女发展基金会、难民事务高级专员办事处、毒品和犯罪问题办公室等 9 个部门与世界银行联合发起联合国法治指标项目（the United Nations Rule of Law Indicators Project），以辨识相关国家法治部门所面临的优势与挑战，协助相关国家的法治改革。该项目的具体设计任务，由维拉司法研究所（Vera Institute of Justice）和阿尔特斯全球联盟（Altus Global Alliance）实施，并在联合国特派团和国家工作队协助下，于海地、利比里亚两国检验。2011 年，这一指标体系正式发布。其中，联合国法治指标项目中的"法治"，即 2004 年《联合国秘书长关于冲突和冲突后社会的法治和过渡司法报告》中对"法治"的系统阐释："就联合国而言，法治指的是一种治理原则。在这一原则下，所有的人、机构或实体，无论属于公营部门还是私营部门，包括国家本身，都对

---

① 张琼：《法治评估的技术路径与价值偏差——从对"世界正义工程"法治指数的审视切入》，《环球法律评论》2018 年第 3 期。

② 钱弘道、戈含锋、王朝霞、刘大伟：《法治评估及其中国应用》，《中国社会科学》2012 年第 4 期。

公开发布、平等实施和独立裁断,并与国际人权规范和标准保持一致的法律负责。法治还要求采取措施保证法律至高无上、法律面前平等、对法律负责、公平适用法律、分权、决策参与、法律确信、避免任意性以及程序和法律透明等原则。"① 此外,联合国法治指标项目的测评对象较为单一,仅供各个国家评估本国的执法机构、司法体制和监狱体制的相关情况。

(二) 中国的法治评估实践

国际评估构成了中国法治评估兴起的一个重要背景,但不是最主要的背景。申言之,法治评估在中国的兴起与蓬勃发展,除受到科学主义和国际法治评估的影响外,更深层的原因还在于问题导向。② 中国的学术界和政府,才是中国大陆法治评估诞生与发展的主要"推手"。2002 年前后,一批来自法学界、管理学界、社会学界和实务界的专家学者分别承担了"城市法治环境评价"③"上海法治建设指标体系"④"世界城市的法治指标"⑤ 等研究课题,开启了中国法治评估运动的先声。⑥ 而中国

---

① See "UN Secretary-General, The Rule of Law and Transitional Justice in Conflict and Post-conflict Societies", Report of the Secretary-General, 23 August 2004, S/2004/616.

② 付子堂、张善根:《地方法治建设及其评估机制探析》,《中国社会科学》2014 年第 11 期。

③ 城市法治环境评价体系与方法研究课题组:《构建城市法治环境评价指标体系的设想》,《中国人民公安大学学报》(社会科学版) 2002 年第 5 期。

④ 仇立平:《上海法治建设指标体系的理论和构想》,《社会》2003 年第 8 期。

⑤ 张志铭、谢鸿飞、柳志伟、渠涛等:《世界城市的法治化治理——以纽约市和东京市为参照系》,上海人民出版社 2005 年版。

⑥ 孟涛:《中国大陆法治评估运动的回顾、述评与前瞻》,《人大法律评论》(2014 年卷第 2 辑),法律出版社 2015 年版,第 43 页。

政府在更大程度上催生了法治评估的开展。具体而言，一方面，顶层设计的宏观指导，如国务院出台《全面推进依法行政实施纲要》（国发〔2004〕10号），原国务院法制办研究推出《关于推行法治政府建设指标体系的指导意见（讨论稿）》等都直接推动了全国各地法治政府评估活动的开展。另一方面，学术界的开创工作，也主要是响应"依法治国""依法治市"等战略目标的要求。[①] 时任浙江省委书记的习近平同志倡导"法治浙江"，余杭及时推出法治指数实验。从设立法治评估研究项目，到委托研究、参与研究、制定评估体系，再到委托第三方测评法治指数，法治指数实验的整个过程都有政府组织参与。[②] 至于法治政府评估和法治城市、法治县（市、区）创建活动，更是直接由政府及其相关机构所主导。

实际上，以2004年中国首部法治蓝皮书《中国法治发展报告No.1（2003）》的发布为肇端，法治建设的关注重点从最开始的"热点问题"个案解读逐渐发展为对行政体制和司法改革实践研究的关注，再发展为对"国情调研"和"地方法治"等明显带有量化特色的实证研究的关注。[③] 由此，以量化评估为主要内容的法治评估也因其科学性与概观性逐渐得到学术界和实务部门的认可或使用，并进而涌现出大量评估实践，但各类法治评估目标迥异、内容多元、方法多样。根据各类评估出台的背景渊源以及评估框架，类型化的法治评估大致有如下六类。[④]

[①] 孟涛：《论法治评估的三种类型——法治评估的一个比较视角》，《法学家》2015年第3期。

[②] 钱弘道、王朝霞：《论中国法治评估的转型》，《中国社会科学》2015年第5期。

[③] 张德淼：《法治评估的实践反思与理论建构——以中国法治评估指标体系的本土化建设为进路》，《法学评论》2016年第1期。

[④] 此处重点参考李朝《法治评估的类型构造与中国应用——一种功能主义的视角》，《法制与社会发展》2016年第5期。

1. 政府型①法治评估与社会型法治评估

根据法治评估的立项和实施主体不同，法治评估可分为政府型法治评估与社会型法治评估两种。② 其中，政府型法治评估主要由政府主导，出资和组织实施，如湖北法治建设绩效考核、重庆依法行政工作目标考核等；同时也包括政府委托高校、科研院所组织实施的评估项目，如余杭法治指数，浙江法治政府建设第三方评估等。社会型法治评估是由第三方发动、组织和实施的。一般而言，国际上的法治评估多为社会型法治评估，且评估主体往往为国际组织，如世界银行全球治理指数、世界正义工程法治指数等。国内社会型法治评估虽然不多，但影响力较大，典型如中国政法大学法治政府研究院的中国法治政府评估项目、中国社会科学院法学研究所法治国情调研室的法治指数创新项目，以及华南理工大学公共管理学院的郑方辉课题组等。

其中，关于政府委托高校、科研院所组织实施的评估项目是否属于社会型法治评估，理论界尚存在争议。有学者结合国情并总结实践经验，认为第三方评估包括课题承接参与型、政府委托环节参与型、政府委托独立评估型、无委托第三方独立评估型（即如前所述社会型法治评估）。③ 还有学者根据地方实践将法治评估主体分为内部评估主体与外部评估主体，其中，政府委托高校、科研院所组织实施的评估项目即属于外部评估主体。④ 虽然

---

① 此处所称"政府型"指广义上的上层建筑的"政府"，不是狭义的行政机关。
② 钱弘道：《法治评估的实验——余杭案例》，法律出版社2013年版，第329页。
③ 杨小军、陈庆云：《法治政府第三方评估问题研究》，《学习论坛》2014年第12期。
④ 汪全胜：《法治指数的中国引入：问题及可能进路》，《政治与法律》2015年第5期。

概念化、分类区隔法治评估有利于操作上与认知上的明确性，但无论是政府型法治评估、社会型法治评估，还是课题承接参与型、政府委托环节参与型、政府委托独立评估型、无委托第三方独立评估型，抑或是内部评估主体、外部评估主体，其根本目标都是促进法治建设发展。正如浙江大学钱弘道教授所指出的，两者不应完全孤立，而仍然应当在外部层面上形成合作，通过"衔接"与"合作"，以共同形成一个更为完整的法治评估体系，更好地服务于法治建设。① 因此，在政府型法治评估与社会型法治评估的两种实践中，以政府是否介入作为区分原则，具有较强的合理性与解释空间，比较符合既有的评估实践。实际上，"近年来国内涌现的各种法治指数方案中，以中央和地方党政部门为主导、行政化的法治工作考核测评构成了现阶段国内法治指数设计的主基调。对国外法治指数设计的有限价值吸纳与形式模仿，以及对国内党政机关原有工作考核的'科学化'包装，是此类法治指数设计的技术特征"②。或者，更确切地说，国内法治评估均由政府发起或主导，主要服务于政府绩效考核。③

2. 综合评估与专项评估

根据评估对象以及测评层面的不同，可以分为综合评估与专项评估④或者整体评估与局部评估。⑤ 其中，综合评估是通过建

---

① 钱弘道、杜维超：《法治评估模式辨异》，《法学研究》2015年第6期。

② 蒋立山：《中国法治指数设计的理论问题》，《法学家》2014年第1期。

③ 张保生、郑飞：《世界法治指数对中国法治评估的借鉴意义》，《法制与社会发展》2013年第6期。

④ 钱弘道、戈含锋、王朝霞、刘大伟：《法治评估及其中国应用》，《中国社会科学》2012年第4期；汪全胜：《法治指数的中国引入：问题及可能进路》，《政治与法律》2015年第5期。

⑤ 付子堂、张善根：《地方法治建设及其评估机制探析》，《中国社会科学》2014年第11期。

立一个指标体系，对辖区内所有相关职能部门的法律工作及其整体效果进行评估。如余杭法治指数、香港法治指数等。专项评估是以特定的职能部门为评估对象，通过建立指标体系对该部门法律工作及其效果进行评估。如司法透明度指数、人民法院案件质量评估、立法后评估，以及各地方兴未艾的法治政府评估等。从历时性上来看，我国的综合评估是从专项评估中发展而来的。① 同时，法治政府评估也日渐成为专项评估的主要代表。②

依法行政是落实依法治国、建设社会主义法治国家基本方略的重要步骤；再进一步，法治政府建设是依法治国、依法执政、依法行政共同推进的"着力点"，是法治国家、法治政府、法治社会一体建设的"支撑点"。③ 建设法治国家、法治社会，需要充分发挥法治政府建设的先导、示范、支撑和带动作用。实际上，经过70年特别是改革开放40多年的实践和探索，我国正逐步实现从"人治""政策之治""法制"到"法治"的三重伟大历史转型。"法治中国"正是在"法治转型"的大格局中提出的新命题。以2012年为新的里程转折点，当代中国法治建设从以实现"有法可依"为逻辑起点的法律体系建设阶段转入以"良法善治"为核心要义的法治体系建设阶段。④ 在此背景下，高效的"法治实施"乃至对法律实施状况的评价就显得尤为突出、尤为紧迫。⑤ 而在我国，大约80%的法律、90%的

---

① 钱弘道、戈含锋、王朝霞、刘大伟：《法治评估及其中国应用》，《中国社会科学》2012年第4期。

② 汪全胜、黄兰松：《我国法治指数设立的规范化考察》，《理论学刊》2015年第5期。

③ 袁曙宏：《在新时代深化依法治国实践中谱写法治政府建设新篇章》，《学习时报》2018年8月29日第1版。

④ 王勇：《论法治评估的功能局限与实践定位——基于"法治"与"评估"的双重困境》，《中国法律评论》2018年第3期。

⑤ 徐汉明：《论法治建设指标体系的特性与功能》，《法学评论》2016年第1期。

地方性法规和几乎所有的行政法规、行政规章的执法工作是由行政机关来承担的，政府是执法最重要的主体。因此，探索可以对法治政府（依法行政）建设成效进行客观评价的指标体系便成为各地法治政府（依法行政）工作重点考量的内容。甚至还有学者指出，"由于中国正处于转型时期，法治还不完备，当务之急是法治建设，而这一建设主要由政府推动，所以中国的法治评估总体上是评估政府的法治建设工作"[①]。

2010年，国务院《关于加强法治政府建设的意见》（国发〔2010〕33号）[②] 明确提出，"加强依法行政工作考核，科学设定考核指标并纳入地方各级人民政府目标考核、绩效考核评价体系，将考核结果作为对政府领导班子和领导干部综合考核评价的重要内容"。围绕国务院提出的考核目标，地方政府开始探索通过构建法治政府评价体系并开展评估活动的方式促进法治政府建设。此后，各地相继以政府规章或其他规范性文件的形式发布大量冠以依法行政考核指标体系、法治政府建设指标体系等名称的文件，积极开展各种形式的法治政府评估活动。[③] 迄今为止，全国公开出现的此类评估指标体系一共有25个：在中央层面上，即2009年原国务院法制办研究起草的《关于推行法治政府建设指标体系的指导意见（讨论稿）》；在地方层面上，湖北、辽宁、广东、浙江、吉林、四川、宁夏、江苏、内蒙古等9个省政府，吉林长春、吉林辽源、江苏苏州、广东

[①] 孟涛：《论法治评估的三种类型——法治评估的一个比较视角》，《法学家》2015年第3期。

[②] 2016年6月25日，《国务院关于宣布失效一批国务院文件的决定》（国发〔2016〕38号）根据"不同文件对同一事项重复要求、规定不一致"等原因，宣布《国务院关于加强法治政府建设的意见》（国发〔2010〕33号）失效。

[③] 杨小军、陈建科：《法治政府指标体系的构建与实施》，《中国国情国力》2016年第8期。

深圳、广东韶关、广东梅州、黑龙江大庆、山西太原、江西鹰潭、江西南昌、辽宁沈阳、内蒙古阿拉善盟、山东营口、浙江温州等14个市（盟）出台了法治政府建设指标体系，河南省发布了征求意见稿。县级政府更多则是冠以依法行政考核指标体系的名义付诸实践，目前公开可知的县级政府最早出台的法治政府建设指标体系当属河北省《永年县法治政府建设指标体系（试行）》。[①] 一方面，将法治政府建设与考评体系联系起来，以微观手段驱动宏观目标实现的要求符合管理科学原理，契合了20世纪80年代以来在全球兴起的以"评估国家"来代替"管制国家"的改革浪潮。[②] 另一方面，各地实践虽各具特色，但总体思路一样，即定位于政府系统内自上而下的考核，将考评作为法治政府建设的重要抓手。考评限于政府系统内部，通过将有关法治建设内容层层分解、细化，形成考评指标，主要是对中央和国务院有关文件相关内容的细化和分解，基础数据源于政府部门，体现行政主导特征。[③] 这也导致各地法治政府建设指标体系重合之处较多，且均涉及政府职能、行政决策、行政执法、社会矛盾、行政监督、行政能力建设或组织领导六大项内容。[④] 此外，还有公共管理学者进一步指出，"体制内法治政府评价本质上属于目标性评价，是一种现代意义上的政府绩效评价的初级阶段。从本质上看，近十年来我国法治政府评价，不论冠以何种称谓，本质上都属于政府法治的

[①] 胡彦海、史平臣、刘雄辉：《邯郸市县级政府法治建设指标体系及其实施机制研究——以永年为例》，《邯郸职业技术学院学报》2011年第2期。

[②] 郑方辉、尚虎平：《中国法治政府建设进程中的政府绩效评价》，《中国社会科学》2016年第1期。

[③] 谢能重、郑方辉：《依法行政考评：行政主导、工具理性与法律依据——基于G省的实践审视》，《学习论坛》2018年第5期。

[④] 孟涛：《中国大陆法治评估运动的回顾、述评与前瞻》，《人大法律评论》（2014年卷第2辑），法律出版社2015年版，第62页。

目标考评,作为体制内考评系统的一部分,目的在于提高政府法治的执行力"①。

3. 制度性进路与价值性进路

根据构建法治指标体系、选择评估方法和技术以及为达到法治评估的目的所应采取的法治评估途径、线路和策略,可将法治评估的推进路径分为制度性进路与价值性进路。② 其中,制度性进路重点评估运行法治的不同国家或地区的法治制度和机构是否符合和完成法治规划的基本要求,并通过业已建立的法律制度的实施情况对法治建设与发展作出衡量与评价。③ 从中国法治评估的现状来看,已有的评估实践基本偏重于制度性进路的考察,如浙江省杭州市余杭区的法治实验、各类司法公正指数、④ 中国法治政府评估及各省广泛推行的地方法治评估指标体系,大都围绕法治相关机构职能的落实与制度建设的规范展开。⑤ 甚至有学者进一步指出,制度性进路既是我国法治政府建设指标体系的总体特征,也构成了我们进一步完善现有指标体系的逻辑起点。⑥ 而价值性进路则更多关注"法治现实是否符合法治价值的标准""法治现实在多大程度上实现法治

---

① 郑方辉、尚虎平:《中国法治政府建设进程中的政府绩效评价》,《中国社会科学》2016年第1期。

② 张德淼、李朝:《中国法治评估进路之选择》,《法商研究》2014年第4期;陈柳裕:《法治政府建设指标体系的"袁氏模式":样态、异化及其反思》,《浙江社会科学》2013年第12期。

③ 张德淼、李朝:《中国法治评估进路之选择》,《法商研究》2014年第4期。

④ 具体参见郑智航《中国量化法治实践中的指数设计——以法治政府指数与司法公正指数的比较为中心》,《法学家》2014年第6期。

⑤ 张德淼、李朝:《中国法治评估进路之选择》,《法商研究》2014年第4期。

⑥ 陈柳裕:《法治政府建设指标体系的"袁氏模式":样态、异化及其反思》,《浙江社会科学》2013年第12期。

价值的基本要求"等方面。① 简言之，它审视法律的内容，以是否确认一些基本人权和价值为标准。② 各类国际性的法治评估，如世界正义工程法治指数、世界银行全球治理指数等均采用此类进路。之所以国际性的法治评估多采用价值性进路，主要原因在于不同国家或地区有着不同的社会结构、处于不同的社会发展水平，法律的秩序与法律的基础设施迥异，采取制度性进路的推进路径会将某种按照特定模式建立起来的法律制度看作普遍性的法治模式，预设评估结果，遮蔽差异性；故而为保证跨国、跨地区评估的有效性而选择较为成熟且具有普遍性的法治价值要素，进而采取价值性进路。但正如有学者所言："无论制度性进路还是价值性进路，对于法治评估本身并无优劣可言。"③

具体至不同评估地区，选择何种评估进路则来自两种进路的比较及与评估地区的契合程度。④ 无论是制度性进路还是价值性进路，其逻辑起点均在于实现法治概念的可操作化，将评估视野中的法治分解为若干独立而又联系的构成要素。一方面，作为诞生于国外的"舶来品"，发轫于西方成熟法治国家的法治评估，既要融通人类文明共识的法治普遍性内涵，又要兼顾中国国情；另一方面，即便均统摄于制度性进路，不同的测评目的与社会结构，也会导致不同的侧重点。如有学者对香港和内地法治指数进行比较，发现同属制度性进路的香港法治指数侧重于实质正义，内地的法治量化考核则侧

---

① 张德淼、李朝：《中国法治评估进路之选择》，《法商研究》2014年第4期。
② 陈柳裕：《法治政府建设指标体系的"袁氏模式"：样态、异化及其反思》，《浙江社会科学》2013年第12期。
③ 戴耀廷：《香港法治指数》，《环球法律评论》2007年第6期。
④ 张德淼、李朝：《中国法治评估指标体系的生成与演进逻辑——法治概念到评测指标的过程性解释》，《理论与改革》2015年第2期。

重于形式正义。① 总体而言,我国当前地方法治建设评估本质上为目标性绩效评估,遵循体制性进路,借助制度变量来评估制度的治理效果和运行质效。②

4. 定量评估、定性评估与建设评估

根据评估方法,在实践中可以将评估分为定量评估、定性评估和建设评估。③ 其中,定量评估基于实证主义立场,以概念化明确抽象的法治理念、界定变量指标、收集数据并统计审查;定性评估基于诠释社会学,立足实质法治理论,综合法治价值评判实践;建设评估是转型时期的过渡性评估,基于法制和法治理论、社会指标理论、绩效评估方法等,由政府主导,旨在推动法治的生成。④

定量评估,主要是通过数据的形式客观展示法治的本质属性,且青睐"形式法治"。目前从事定量评估的,有世界银行、世界正义工程、联合国和自由之家等,此外,中国台湾地区从2008年开始实施的公共治理指标调查(其中,评估议题之一就是"法治化程度")也属于这一类型。除了中国台湾地区评估本地区的法治之外,其他定量评估全部属于外部评估,都是一个组织评估多个国家或地区。此类评估中,只有世界正义工程和联合国采取了"公众+专家"的评估主体模式,其他评估均为专家评估(此处所称之专家,不限于学术界的教授或研究员,

---

① 朱未易:《地方法治建设绩效测评体系构建的实践性探索——以余杭、成都和香港等地区法治建设为例的分析》,《政治与法律》2011年第1期。
② 黄丽云、施生旭:《实践路径下的地方法治建设评估考察》,《福州大学学报》(哲学社会科学版)2017年第2期。
③ 李朝:《法治评估的类型构造与中国应用——一种功能主义的视角》,《法制与社会发展》2016年第5期。
④ 孟涛:《论法治评估的三种类型——法治评估的一个比较视角》,《法学家》2015年第3期。

还包括律师、公务员、社会工作者等拥有专门知识的各类专业人士。如世界正义工程法治指数即以专业调查问卷的形式咨询了民商法、刑事司法、劳动法和公共卫生等四个领域的专家，其中专家既包括律师事务所、大学、研究机构、非政府组织的法律专家，还包括公共卫生领域的专家和执业医师等，但为了避免利益冲突，被调查的专业人士不包括现任政府官员、法官和检察官）。[1]

目前从事纯粹定性评估的，只有美国国际开发署，而且它的评估属于外部、专家评估。国内实践则更多把定性评估作为评估方法应用之一，即通常采取定性方法将具有抽象意义的法治转化为一系列可操作的概念。[2] 实际上，尽管法治指数的设计和推进自始至终贯穿着定量分析的身影，但是作为设计者和推动者更要谨慎对待定量分析的局限性。有学者曾经指出，从事社会科学定量分析的学者都非常清楚，模型的基本设置、变量的操作化、样本删除等方面的细微差别，都有可能导致结果很大的差异。从这个角度，定量分析中确实存在"玩弄数据"的空间，即我们不能排除研究者倾向于采用某个特定的模型设置、操作定义或样本选取方式，以导向符合自己意向的结论。[3]

建设评估是中国法治评估的主流类型，除了著名的法治政府评估以外，还涉及立法、司法、社会等各个领域。[4] 建设评估

---

[1] 孟涛：《论法治评估的三种类型——法治评估的一个比较视角》，《法学家》2015 年第 3 期。

[2] 郑智航：《中国量化法治实践中的定性与定量——以地方法治评估实践为研究对象》，《东北师范大学学报》（哲学社会科学版）2016 年第 6 期。

[3] 陈云松、吴晓刚：《"复制性研究"：社会科学定量分析新趋势》，《评价与管理》2012 年第 4 期。

[4] 孟涛：《中国大陆法治评估运动的回顾、述评与前瞻》，《人大法律评论》（2014 年卷第 2 辑），法律出版社 2015 年版，第 47 页。

往往由上级政府甚至中央政府（国务院）或机构（全国普法办）等发起，如法治城市、法治县（市、区）创建等，评估的范围基本限于本行政区域，且一般以内部评估为主，作为政府内部自上而下组织控制的理性工具，目的在于驱使或鞭策其工作部门或下级机构履行相关职能，完成预定目标。① 但值得注意的是，"首先，评价意味着批评，对公共组织成员来说就是对他们能力的质疑，影响自己的声誉，因而评价往往夸大成绩，掩盖失误；其次，评价往往代表着某一组织的局部利益，这使得绩效评价容易走向片面并带有浓厚的主观色彩；最后，绩效评价是一项复杂而细致的工作，需要评价者掌握相关的理论知识，并熟悉专门的方法技术，而公共组织人员本身往往缺乏这方面的系统培训"②。因此一些政府采取了一定程度的外部评估，邀请专家和公众参与。例如，广东省法治政府建设指标体系设定了 8 项社会公众满意度指标——对政府立法和规范性文件制定发布工作的总体满意度、对行政决策的总体满意度、对行政执法的总体满意度、对政府信息公开的总体满意度、对社会矛盾纠纷化解工作的总体满意度、对行政机关接受监督工作的总体满意度、对行政机关依法行政意识和能力的总体满意度、对本机关依法行政工作的总体满意度；2 项特定群体满意度指标——人大代表、政协委员对行政机关接受监督工作的总体满意度，新闻媒体对行政机关接受监督工作的总体满意度。再如，浙江省法治政府建设考核评价体系中采用的政府内部、专业机构、社会公众"三维一体"的考核评价机制等。③

---

① 孟涛：《论法治评估的三种类型——法治评估的一个比较视角》，《法学家》2015 年第 3 期。

② 齐二石：《公共绩效管理与方法》，天津大学出版社 2007 年版，第 90 页。

③ 夏利阳、王勇：《浙江法治政府建设考核评价体系及其启示》，《中国行政管理》2014 年第 6 期。

定量评估与定性评估国际法治评估的通用范式。① 定量评估中，对结果的评价不是依赖于所使用的调查和分析方法，而是依据统计标准；定性评估中，对结果的评价主要是与选取的解释路径有关，而且数据调查和处理的策略还不是很成熟。相较于西方（国际）法治评估围绕法律的秩序和法律的基础建设而展开的评价，中国的法治建设评估更具有特殊性与过渡性，在转型时期的大背景之下，更加注重党政机构推动法治建设工作的成效，因此其采用的方法也较为多元，既有定性判断的方法、德尔菲法等，又有指数的量化计算等。其中，中国法治建设评估中独创的"公众满意度评估"值得注意。

5. 法治环境评估、法治建设评估与法治价值评估

根据法治评估的愿景是"一幅孤立的法治行进图"，还是"法治与社会协调发展的整体演进图"，可以将法治评估分为法治建设评估（又称法治实施评估②）与法治环境评估。其中，前者秉持法治概念客观论，追求实现某种既定的法治理性目标，或称之为"就法论法"；后者则强调法治与其背景因素（制约因素）和成长环境的关联，或称之为"就法论事"，典型如社会发展的阶段性。③ 此后，还有学者在法治环境评估、法治实施评估的基础上，以功能主义为视角，在"功能—结构"的分析框架下，进一步衍生出法治价值评估，认为主要围绕法

---

① See Maurits Barendrecht and Jin Ho Verdonschot, "Objective Criteria: Facilitating Dispute Resolution by Information about Going Rates of Justice", *Tilburg University Legal Studies Working Paper*, Vol. 67, No. 11, 2008, p. 21.

② 具体参见李朝《法治评估的类型构造与中国应用——一种功能主义的视角》，《法制与社会发展》2016年第5期。此处所提法治建设评估与方法论分类中的法治建设评估，侧重点不同，此处重点在评估的内容，而非方法。

③ 蒋立山：《中国法治指数设计的理论问题》，《法学家》2014年第1期。

治价值的采集和推广而展开的评估形式可称之为法治价值评估，这种评估并不直接给法治实施或法治环境提供资讯，而主要承担法治价值的挖掘与传播功能。[①] 典型如世界正义工程法治指数中的非正式司法指标。作为不可比指标，非正式司法因其包含传统、种族和宗教审判的争端解决方式等内涵丰富的道德性要素，因而难以提炼出非正式司法的共同特征作为评估指标，但却既可以丰富和完善评估地区的法治价值系统，又可以传播既有的法治价值，增强评估参与者的法治意识。目前，此类评估在国内仅有理论上的分类而未有实践。其中，公开可见的研究资料仅贵州地方法治环境生成评估指标体系的子项指标"贵州法律资源指标"中有"公民参与地方民族立法情况"的表述。[②]

就当下中国的实践而言，目前的法治指数主要有两个评估对象，一是法治建设，二是包括政治、经济、社会环境等在内的法治环境。其中，法治建设评估往往又成为党政机构职责工作的评估，使得"法治"的含义简化为"法治政府"，反映不了法治国家和法治社会的情况。而法治环境的评估范围又过于宽泛，以至于民主政治、市场经济、社会安全等都被纳入进来，冲淡了"法治"的应有主题。[③] 法治建设评估，或者说法治实施评估，契合了当前中国法治建设的实际，瞄准推动法治发展目标，重点关注具体法律制度的推进与实践，如上文所述，是当前中国法治评估的主流类型，此处不再赘述。

[①] 李朝：《法治评估的类型构造与中国应用——一种功能主义的视角》，《法制与社会发展》2016年第5期。

[②] 贵州地方法治环境生成评估指标体系的具体内容可参见张帆、吴大华《论我国地方法治环境生成评估指标体系的设计——以贵州省为例》，《法制与社会发展》2013年第3期。

[③] 孟涛：《法治指数的建构逻辑：世界法治指数分析及其借鉴》，《江苏行政学院学报》2015年第1期。

法治指数应以推动法治发展为目标，以具体法律制度为推进路径。① 但"制度必须和特定经济、政治、文化、社会中的人的行为相结合来展现其效果"②。法治环境评估主要由学术界实施。③ 最早出现的是 2002 年北京市学者从事的"城市法治环境评价"，2005 年广东省依法治省工作领导小组办公室委托广东商学院进行了"广东省法治环境调查"，2006 年浙江省湖州师范学院法商学院的学者对湖州的法治环境进行了评估。2010 年昆明市发布的《法治昆明综合评价指标体系》，本质上也属于这类评估——该体系由"法治的社会环境综合指标""法治的制度环境综合指标""法治的人文环境综合指标"三个一级指标系统组成，试图呈现出依法治理工作所依托的社会环境以及所产生的社会效果。④ 此外，部分学者也结合市情省情提出了一些法治环境评估的设想，例如贵州学者提出的贵州地方法治环境生成评估指标体系、⑤ 中国政法大学学者提出的"法治国情指数"、⑥ 郑州大学学者提出的从既有经验材料中剥离出的转向法治资源为公众权利实现提供的整体化环境而进行的新"法治

---

① 田禾：《法治指数及其研究方法》，《中国社会科学院研究生院学报》2015 年第 3 期。

② 王皓：《论我国法治评估的多元化》，《法制与社会发展》2017 年第 5 期。

③ 此处主要参考孟涛《中国大陆法治评估运动的回顾、述评与前瞻》，《人大法律评论》（2014 年卷第 2 辑），法律出版社 2015 年版，第 47 页。

④ 王启梁、李娜：《区域性法治评价的初步尝试——2009 年"法治昆明综合评价指标体系"是如何形成的》，《云南大学学报》（法学版）2015 年第 6 期。

⑤ 张帆、吴大华：《论我国地方法治环境生成评估指标体系的设计——以贵州省为例》，《法制与社会发展》2013 年第 3 期。

⑥ 蒋立山：《中国法治指数设计的理论问题》，《法学家》2014 年第 1 期。

环境评估"。① 实践中主要以中国政法大学牵头的国家司法文明协同创新中心"司法文明指数"、中国人民大学法治评估研究中心"中国法治评估报告"等为代表。

6. 管理型法治评估与治理型法治评估

余杭法治指数课题负责人、浙江大学钱弘道教授在对既有的法治评估模式梳理的基础上,认为既有的法治评估"一元化表达"虽看似简洁融贯但实际上并不周全。实际上,法治评估首要的问题并不是技术层面的,而是理论层面的。第一个问题是对法治的认识,在法治评估时抓住那些法治的基本构成要素作为指标才有意义。② 由此,钱弘道教授提出,基于对法治概念"厚"和"薄"的不同理解,中国法治评估存在着分别以"治理"和"管理"为功能核心的两种实践倾向:前者由理论界主导,遵循"厚法治"观,秉持实验主义的治理理论话语,采取一种实质性、超越性和实验性的外部视角,如香港法治指数、余杭法治指数等;后者由国家机关主导,遵循"薄法治"观,秉持绩效评价的行政管理理论话语,采取一种形式性、执行性和确定性的内部视角,如各地政府纷纷设立的各种"法治政府指标体系"等。③ 其中,"厚法治"及"薄法治"的概念来自美国学者布莱恩·塔玛纳哈。他在《论法治——历史、政治和理论》一书中将法治整个发展轨迹归纳为一个由"薄"向"厚"循序渐进的过程,并且认为"薄法治"是指严格遵守法律制度和法律程序,"厚法治"则既包括守法内容也包含某些超越性的

---

① 李朝:《量化法治的权利向度——法治环境评估的构建与应用》,《法制与社会发展》2019年第1期。

② 朱景文:《论法治评估的类型化》,《中国社会科学》2015年第7期。

③ 钱弘道、杜维超:《法治评估模式辨异》,《法学研究》2015年第6期。

实质性价值。①

虽然出于实践效果的目的，在操作上可以明确区隔管理型法治评估与治理型法治评估两种类型，但由于其根本目标都是促进法治建设，因此，二者可以通过纵向"衔接"进入权力机关实践环节付诸应用和横向协作实现数据、信息的共享等两种方式实现整合。其典型代表一为余杭法治实践，系两种法治评估类型协作的"最佳实践"。实际上，余杭存在着两套形式上互相独立的法治评估体系，一套是广为人知的由理论界主导的"余杭法治指数"，另一套是余杭区委法治建设办公室组织的"法治余杭"建设考核。两套体系形式上完全互相独立，但在局部内容上相互协作，如"法治余杭"建设考核中"镇街民调"环节，就直接使用了"余杭法治指数"课题组完成的民调环节数据，而"法治余杭"建设考核中"自查自评"环节材料也会汇总给"余杭法治指数"课题组，作为其打分依据。②

另一典型代表则为浙江省法治政府建设专业机构评估。按照2013年10月印发的《浙江省人民政府关于印发浙江省法治政府建设实施标准的通知》（浙政发〔2013〕50号，以下简称《浙江省法治政府建设实施标准》）要求，浙江省法治政府建设考核评价由省全面推进依法行政工作领导小组办公室③牵头按年度组织开展，具体分为内部评价（占总分值的50%）、专业机构评估（占总分值的35%）和社会满意度测评（占总分值的

---

① 参见魏建国《法治的历史审视与历史的法治解读——读塔玛纳哈著〈论法治——历史、政治和理论〉》，《史学理论研究》2011年第4期；李蕾《法治的量化分析——法治指数衡量体系全球经验与中国应用》，《时代法学》2012年第4期；张德淼、康兰平《地方法治指数的理论维度及实践走向》，《理论与改革》2014年第6期。

② 钱弘道、杜维超：《法治评估模式辨异》，《法学研究》2015年第6期。

③ 2016年易名为"省建设法治政府（依法行政）工作领导小组办公室"。

15%)。考核评价工作按照《浙江省法治政府建设实施标准》所附《浙江省法治政府建设考核评价体系（试行）》八个主要评价指标开展，其中专业机构评估和社会满意度测评可采用相对独立的数据来源。由此，浙江在全国率先建立了政府内部、专业机构、社会公众"三维一体"的考核评价体制，在省全面推进依法行政工作领导小组办公室统一部署下，三方主体互相独立，按照《浙江省法治政府建设实施标准》的基本框架，各自建构评价体系，并各自完全独立完成实质性的评价结果。就专业机构评估与政府内部评估的协作而言，专业机构评估借助政府的管理权威与条线渠道，自下而上地获取被评估对象的信息数据；早期，专业机构评估曾与政府内部评估共享部分测评信息，如纪委查办案件数、执法案卷质量评查结果等；就专业机构评估与社会公众满意度调查而言，早期，双方曾就调查问卷的设计、部分民调结果的应用等进行过协作。但后续，由于同一数据在不同评价体系中被反复以不同方式利用，引发被评估对象质疑"多次加分或减分"，故在2015年之后，各方评价体系不再进行数据、信息的共享应用，转而诉诸权威的共享、测评的协同。与余杭法治实践仅在横向协作方面的良好示范不同，浙江省法治政府建设专业机构评估在纵向"衔接"进入权力机关实践环节付诸应用独树一帜。按照《浙江省法治政府建设实施标准》要求，"省全面推进依法行政工作领导小组办公室要根据考核评价情况，组织对各设区的市政府和省政府直属各有关单位按考核评价结果分值高低进行排名，开展市、县（市、区）政府和省政府直属各有关单位年度法治政府建设（依法行政）先进单位评选。排名和评选结果由省政府公布并通报表彰"。其中，由于专业机构评估在考核评价结果中占有一定比例的分值，且对主要评价指标的指标构成有"适当调整"之权，因而兼具管理型法治评估（即政府内部评估）的部分特征，并非单纯的技术上操作者，实际上拥有决定实质内容的部分权力；同时，专业机构评估基于问题与效果导向，旨在发现工作成效、找出工作差距不足，因此在考核结果第二年年初提交省全面推进依法行政工作领导小组办公室之后，还会以"专业机构反馈函"形式就各被评估对象年度评估得失分情况开具"诊断书"，以问题清单形式一一告知其存在什么问题。该"专业机构反馈函"以省全面推进依法行政工作领导小组办公室的名义与政府内部评估、社会满意度调查等一并印发各被评估对象（附录有相关示例），供其参考或整改借鉴，有效衔接了体制内的执行力，由此，作为治理型法治评估的专业机构评估顺势"嵌入"管理型法治评估，自动衔接好权力实践环节，自觉不自觉地成为科层制行政绩效评价的工具，并直接转化为层级管理中的绩效要求，成为权力机关所必须遵循的考核规范。曾有学者以某地为例，借用布迪厄的社会实践理论运用法社会学的方法考察第三方法治评估中委托方、第三方评估机构、被评估单位、评价主体、评审专家等场域成员间的互动模式，认为，"在第三方法治评估场域尚未出现一个稳定且强势的第三方评估逻辑主导者"[1]。但如前所述，浙江法治政府建设专业机构评估模式已然解决此类问题，既居于场域中心，又"在系统开放的同时有可能保持自我指涉的封闭"[2]。

（三）小结

法律现象不同于自然现象，因而法治的量化和客观性也是以特定方式呈现出来的"相对客观性"，而非"绝对客观性"。[3]

---

[1] 张玲：《第三方法治评估场域及其实践逻辑》，《法律科学》2016年第5期。

[2] ［德］尼古拉斯·卢曼：《法社会学》，宾凯、赵春燕译，上海世纪出版集团2013年版，第425页。

[3] 钱弘道、王朝霞：《论中国法治评估的转型》，《中国社会科学》2015年第5期。

这里的"相对客观性"主要体现在将指标和标准统一，形成一个分指数的概念；各分指数又有其各自的子指数及由此形成的计算公式；所获得原始数据都是直接可用来计算的，且指数化的计算不再像法治评估中那样由评审主体主观打分。这里需要特别强调的是，法治指数可能并不能完全衡量出法治的所有现状，但是却不失为一个很好的切入口，成为推动法治进一步发展的契机。① 或者说，法治指数所凝聚的是某种特定的法治理念，因而是以特定的视角去截取高度复杂社会的一个断片进行观察。② 但诚如季卫东教授所指出的，建立法治指数的意义在于：对不同社会体制和文化进行比较分析；为改造权力结构提供更清晰的蓝图；使法治建设的具体举措和绩效的评价趋于统一化。③ 实际上，在地方法治建设成为理论和实践双重热点的发展背景下，法治指数将因其直观、全面、科学的优势成为地方法治发展和地方发展的有效手段。④ 简言之，法治指数，本身并非单纯的一个数字，其数字链条之后蕴含了一种社会法治发展的理念、一个动态体系的系统性工程。

对比不同机构法治指标设置的不同方法可以发现，法治指标方法的选择不仅仅是个方法问题，在更大程度上是与对法治内涵的理解与认知相关的，用何种方法设置法治指标不单单取决于方法本身的优劣，更取决于评估目的、评估层次、评估对象等多方面内容。⑤ 或者更确切地说，"我们已经知道方法（和测量、工

---

① 杨惠琪：《如何量化法治——地方法治指数现状、争议与操作设想》，《社会科学论坛》2016年第5期。

② 鲁楠：《世界法治指数的缘起与流变》，《环球法律评论》2014年第4期。

③ 季卫东：《以法治指数为鉴》，《财经》2007年第21期。

④ 周尚君、彭浩：《可量化的正义：地方法治指数评估体系研究报告》，《法学评论》2014年第2期。

⑤ 钱弘道、戈含锋、王朝霞、刘大伟：《法治评估及其中国应用》，《中国社会科学》2012年第4期。

具、数据）的选择更加依赖于那些所要询问的问题的类型，而不是依赖于一些特殊方法的质量"①。当然，对法治的不同理解导致出现不同的法治指数测评体系，这种多元化的法治指数体系，一方面有益于进一步丰富对法治内涵的理解，但另一方面也容易导致法治指数成为学者一厢情愿的闭门造车，或者成为政府将自身既定的行为与惯常的实践进行合法化的工具，而后者肯定将会导致法治指数流于形式，甚至会根本背离法治指数设计与推行的初衷。② 由此，必须清醒地认识到，不能过于迷信法治指数，陷入"技术陷阱"；当然"在最不理想的情况下，指标也能够通过提供有关若不如此就必定被忽视的状况的统计信息，来启发公众和决策者。经过这一过程，指标能够依靠扩大知情度、集中注意力而影响到政策结果"③。此外，法治指数是否可以被看作法治建设要求的具体规定？达到法治指数的要求是否即意味着实现了建设法治的目标？就此，若单纯将法治指数作为推动法治建设的"抓手"，从手段和工具的意义上，法治指数的具体内容可以超出法治建设的基本要求，④ 对法治建设的方方面面提出更高的要求，此时法治指数与法治建设二者之间是手段和目的的关系。但是若要以法治指数作为法治建设的评判标准，则应当围绕

---

① ［德］赖因哈德·施托克曼、沃尔夫冈·梅耶:《评估学》，唐以志译，人民出版社 2012 年版，第 152 页。

② 侯学宾、姚建宗:《中国法治指数设计的思想维度》，《法律科学》2013 年第 5 期。

③ ［美］克利福德·科布、克雷格·里克斯福德:《社会指标的历史教训》，宾建成译，《经济社会体制比较》2011 年第 5 期。

④ 所谓"基本要求"，在法治建设各纲领性文献中主要表述为"应该""应当""必须"等，"更高的要求"则主要表述为"积极探索"等。如《法治政府建设实施纲要（2015—2020）》（中发〔2015〕36 号）在"深化行政审批制度改革"方面的表述，"取消不符合行政许可法规定的资质资格准入许可"的表述即是"基本要求"，"对保留的行政审批事项，探索目录化、编码化管理"的表述即是"更高的要求"。

法治建设的基本要求进行内容设定，或者将体现法治建设的基本要求和最低标准的内容确定为法治指数的基本部分，此时，法治指数才可以被看作法治建设的具体规定。

相较于国际法治指数对法治普遍价值在各国或地区是否实现以及实现效果的偏爱，国内各类法治指数主要以制度落地实施为牵引，既关注法治建设关键性、节点性问题的解决，又倾向于回应民众关切，宏观概括法治的建设状况和实施效果。与中国法治的实践需求相呼应，人们对法治的认识历程，可以概括为正名法治、定义法治和量化法治三个主题环节，三者共时共存。量化法治的重要特征在于其实践性，而其实践性的前提在于定义法治。其中，我们已经完成对法治的正当性正名，但却在立场和观点分歧的"定义法治"的困境中选择了"量化法治"的进路。[1] 由此可知，国内各类法治评估采取制度性进路也是可能引发争议较小的从优选择。

国际法治评估，多由国际或区域性组织或机构发起，一般为外部评估；但中国法治评估，基本呈现出内部考评和外部评估（第三方评估）并存，且第三方评估从弱到强，逐渐成为常态。[2] 同时，中国法治评估借鉴了绩效评估理论，在1999年后陆续开展的"万人评议政府"民众参与政府绩效评估实践基础上，开创了全世界独一无二的"法治满意度调查"，让评估植入了更多的民意基因。[3] 虽然地方法治建设的经济和社会发展条件

---

[1] 张志铭、于浩：《共和国法治认识的逻辑展开》，《法学研究》2013年第3期。

[2] 钱弘道：《中国法治评估的兴起与未来走向》，《中国法律评论》2017年第4期。

[3] 孟涛：《中国大陆法治评估运动的回顾、述评与前瞻》，《人大法律评论》（2014年卷第2辑），法律出版社2015年版，第43页；孟涛：《论法治评估的三种类型——法治评估的一个比较视角》，《法学家》2015年第3期。

和对象有所不同，但普适性的能够体现公众意志或回应公众诉求的地方法治建设的考量指标及其价值理念是相同的。① 由此，"法治满意度调查"的创设具有合理性与正当性，且契合"努力让人民群众在每一项法律制度、每一个执法决定、每一宗司法案件中都感受到公平正义"之要求。

"所有的评价本质上都是主观评价，但主观评价总是基于一定的客观事实，并且存在一定的客观条件。"② 因此，对于法治领域采用满意度测评的方式，理论界认知不一。一方面，民意调查很容易受到当时当地社会环境和事件的波动而无法反映整体的民意趋向；③ 另一方面，主观指标一般提供的是解释性信息，与决策之间尚有较大差距，④ 特别是在法治领域随机抽样的满意度调查中，很多被调查者几乎接触不到被测评的部门或者事项，即便亲身经历相关的办事过程，也会因法律知识欠缺而难以对公权力机关是否严格依法办事作出准确判断，同时指望那些真正因为违法被相关机关处理的当事人不意气用事地对有关机关作出客观评价更是勉为其难。简言之，现有的各地法治指数的测评中都会有关于群众满意度的调查，不可否认，这种做法的出发点是好的，但是从实际操作的层面上来说，对于群众的调查具有很大程度的随意性和不确定。⑤ 实际上，国内已有学者对法治满意度测

---

① 朱未易：《地方法治建设绩效测评体系构建的实践性探索——以余杭、成都和香港等地区法治建设为例的分析》，《政治与法律》2011年第1期。

② 谭玮、郑方辉：《法治社会指数：评价主体与指标体系》，《理论探索》2017年第5期。

③ ［美］唐（Tang, W. F.）：《中国民意与公民社会》，胡赣栋、张东锋译，中山大学出版社2008年版，第49页。

④ 郑杭生、李强、李路路：《社会指标理论研究》，中国人民大学出版社1989年版，第266页。

⑤ 张德淼、康兰平：《地方法治指数的理论维度及实践走向》，《理论与改革》2014年第6期。

评引发的悖论进行过研究。中国政法大学蒋立山教授指出，在国内一些相关机构进行的法治满意度测评中，被人们公认为法治相对落后的偏远地区的法治满意度得分，反而高于一些法治水平相对较高的大城市的水平。对此，他认为可以给出的一个合理解释是，如果可以把大城市的法治水平看作偏远城市法治水平的未来，两者之间的法治水平差异同样可以合理地被理解为是法治发展水平的差距。其中的内在原因，正如法治主观指标的性质所表明的，是法治满意度与法治发展水平呈正相关关系，而与法治预期水平呈负相关关系。在法治发展的某一阶段，在经济发展和法治建设水平提升较快的地区，人们的法治预期同样提升较快，甚至更快。但经济文化相对落后的地区的人们，由于其法治预期提升得相对较慢，故其法治满意度反而高于法治相对发达地区。① 当然也有学者认可满意度调查，并进而在其基础上进一步提出要拓展公众评估范围，借鉴世界正义工程法治指数问卷调查中的满意度调查与事实性调查或价值性调查并存的经验，从现在仅有的"满意度"，延伸至政府的各项外部管理活动，如政府办事效率、政务公开程度、法律执行效果等。② 那么究竟该如

---

① 蒋立山：《中国法治指数设计的理论问题》，《法学家》2014年第1期。按照蒋立山教授的解释，法治进步水平与法治满意度评价之间存在此种反向趋势的可能性，从各国关于幸福指数的测量中也可以得到间接证实。他引用山东大学邢占军教授的一项研究指出，在经济收入较低水平的阶段上（或是在人均GDP较低的国家或地区），人们的幸福指数或许不低，反而比较高；而随着经济收入的增长（或是在人均GDP较高的国家或地区），人们的幸福感反而会下降，此现象会持续相当一段时间；而后，人们的幸福感会再度上升。参见邢占军《我国居民收入与幸福感关系的研究》，《社会学研究》2011年第1期。

② 孟涛：《中国大陆法治评估运动的回顾、述评与前瞻》，《人大法律评论》（2014年卷第2辑），法律出版社2015年版，第69页；马怀德、王翔：《法治政府评估中的公众满意度调查——以53个较大城市为例》，《宏观质量研究》2014年第3期。

何看待"法治满意度调查"呢？实践中，无论是作为各类法治评估构成要素的满意度调查，还是作为民主参与评估模式的独立第三方评估,[①] 其目的均在于搭建第三方平台借以收集公众意见。其中，第三方评估形似运用专业技术之判断，但判断之基却植根于大众的理性认知；专业技术判断在其中主要起牵引作用，以有效链接政府治理与公众法治认知，这是一种公众的有序、理性以及富有效率的参与。

---

① 徐双敏：《政府绩效管理中的"第三方评估"模式及其完善》，《中国行政管理》2011年第1期。

第一篇

理论篇

第一章 法治政府第三方评估原理

法治政府评估是特定主体依照相应的标准、方法和程序，对法治政府政策措施、执行情况、实施效果、存在问题及其影响因素进行客观调查和综合评价，并提出完善制度、改进管理意见的活动。① 法治政府评估得以成行的两个基本条件是明确的法治概念与有效的法治评估指标，而确定法治政府的概念是法治评估指标的前提与基础，这也是法治政府评估指标体系的逻辑起点。至于指标体系，对于法治政府建设的功能和效应体现在能够描绘法治政府建设的轮廓，指明具体的建设路径和发展方向，提供科学的考核标准衡量法治政府建设的实效以及发展水平。② 与我国"政府推进型法治"的实践相适应，当前我国各地的法治政府指标体系也是一个自上而下强力推进的过程。其中，鉴于传统的以内部评估为主的法治政府考评存在的运动性、形式性以及所依据的统计数据不准确或意义的模糊性等弊端，③ 特别是中央对第三方评价的

---

① 杨小军、陈庆云：《法治政府第三方评估问题研究》，《学习论坛》2014年第12期。

② 康兰平：《"互联网+"法治政府评估的空间与路径研究》，《电子政务》2017年第3期。

③ 参见戢浩飞《量化法治的困境与反思——基于法治评估体系实施状况的视角》，《天津行政学院学报》2014年第4期；杨小军、陈庆云《法治政府第三方评估问题研究》，《学习论坛》2014年第12期等。

高度重视,① 引入第三方评价主体参与法治政府评估近年来备受青睐,并逐渐形成第三方法治政府评估的几种模式。

"任何一种指标体系都要有某种理论做基础,不过,有些严密,有些不很严密。"② 或者更进一步说,社会指标并不是一堆随意选取的指标的简单堆砌,其次级指标体系的构建、具体指标的遴选均应有其相应的理论依据。③ 纽约州立大学宾汉姆顿分校 Joseph M. Firestone 教授指出,"发展社会指标首要解决的问题是理论构建"④。究其根本,法治,作为社会研究中所要测量的抽象概念,必须遵循科学研究的一般规律,即应按照"概念化"→"名义定义"→"操作定义"→"现实生活中的测量"等概念次序的建立,⑤ 将"法治政府"这一抽象的概念操作化转换。

一 概念

评估项目是一项精密的科学程式,倘若将充满不确定性的"法治定义"嵌入评估模式中,就会使法治概念处于"混乱"与"无法拆分"的状态,导致法治评估无法在经验层面推进。⑥

---

① 郑方辉、尚虎平:《中国法治政府建设进程中的政府绩效评价》,《中国社会科学》2016 年第 1 期。

② 郑杭生、李强、李路路:《社会指标理论研究》,中国人民大学出版社 1989 年版,第 77 页。

③ 彭宗超、李贺楼:《社会指标运动缘起、评价及启示》,《南京社会科学》2013 年第 6 期。

④ Joseph M. Firestone, "The Development of Social Indicators from Content Analysis of Social Documents", Policy Sciences, Vol. 3 (July 1972), pp. 249–263.

⑤ [美] 艾尔·巴比:《社会研究方法》(第十一版),邱泽奇译,华夏出版社 2009 年版,第 129—130 页。

⑥ 张德森、李朝:《中国法治评估指标体系的生成与演进逻辑——从法治概念到评测指标的过程性解释》,《理论与改革》2015 年第 2 期。

因此，评估之始，一方面，要澄清和界定法治政府的概念；另一方面，对于经验性的社会研究而言，还需要对其进行操作化，使其转化成能具体观察和测量的事物。

（一）概念的澄清与界定

默顿指出："概念澄清的一个功能，是弄清包摄于一个概念之下的资料的性质。"[①] 通过精确地指出一个概念包括什么、排斥什么，就可以为我们提供对资料进行分析和组织的指导性框架。换言之，澄清和界定概念的必要性是，如果不同的人用同一个概念（词语）来表达不同的含义，那么，这样的概念也就没有用了。除非人们用同样的词语来表达同样的事物，否则交流就是不可能的。[②] 具体到法治政府而言，就是要廓清法治政府的内涵边界。

自 1997 年，党的十五大提出"依法治国，建设社会主义法治国家"，法治政府被视为建设社会主义法治国家的重要组成部分，以此为契机，有关法治政府的概念与特征的研究是近 20 年来我国理论界关注的焦点。[③] 随着法治政府从依法办事、行政管理法制化、依法行政到法治政府四个阶段的逐步发展演变，依法行政观念深入人心，法治政府的内涵边界不断清晰与丰富。特别是 2004 年国务院下发的《全面推进依法行政实施纲要》，更是成为实践领域界定法治政府内涵的主要依据。[④] 相较于各地

[①] ［美］罗伯特·金·默顿：《论理论社会学》，何凡兴、李卫红、王丽娟译，华夏出版社 1990 年版，第 186 页。

[②] 风笑天：《社会研究方法》（第五版），中国人民大学出版社 2018 年版，第 95 页。

[③] 王群：《中国法治政府研究二十年（1999—2019）：回顾与展望》，《厦门特区党校学报》2019 年第 3 期。

[④] 钱弘道、方桂荣：《中国法治政府建设指标体系的构建》，《浙江大学学报》（人文社会科学版）2016 年第 4 期。

实践对《全面推进依法行政实施纲要》所规定的法治政府七项标准的集中统一遵循并付诸指标体系架构而言,① 理论界对法治政府概念内涵的认知更加多元、多样。

其一,将法治政府区分为广义法治政府与狭义法治政府。前者指整个政府机构的设立、变更、运作,包括行政立法和决策在内的政府整体行为和个体行为都是合法化、合理化、规范化而且对政府整体行为和个人行为的监督都是法制化的政府。在政府整体行为中强调政府抽象行政行为和政府决策的合法性、规范性,在政府个体行为中主要指政府执法行为的合法性、规范性。② 后者主要指对行政权的规范。③ 其二,从形式与实质两大层面界定法治政府的概念内涵。所谓形式上的法治政府是依据实定法实现政府所有目的的政府,即依据法律推行政府事务和职能,确保"依法律",对人民的权利、自由的规制有法律根据,同时只要以法律的形式,便可以对人民的权利、自由予以制约,形式上的法治政府并不以保障人民的权利自由为目的,相反它还通过法律对人民的权利自由进行限制;实质上的法治政府是指依法拘束和限制权力,保障人民自由和权利的政府,而保障人民的自由和权利才是法治的内容和目的。实质上的法治政府意味着抑制专断权力,在宪法之下给予个人权利最大限度的保障。④ 其三,比较说。有学者认为对法治政府的认知要结合国情,并在与专制政府、人治政府对比中,才能得到确证。

---

① 陈柳裕:《法治政府建设指标体系的"袁氏模式":样态、异化及其反思》,《浙江社会科学》2013年第12期。

② 康宗基:《法、法治、法治政府范畴的广义性简析》,《太原师范学院学报》(社会科学版)2005年第2期。

③ 王敬波:《法治政府要论》,中国政法大学出版社2013年版,第1页。

④ 申来津、李晓琴:《法治政府的本体追问与价值取向》,《学术交流》2007年第3期。

据此，他指出，社会主义法治政府是与社会制度融为一体的法治政府，法治政府既是有限政府，又是诚信政府，又是透明政府，又是良政政府，又是责任政府。① 近来，还有学者以依法治国系统化、动态化、结构化和技术化为背景，指出传统法治政府内涵存在治理对象、理念、规则、方式等方面的误读，认为新时代应从开放式、价值化、过程化和给付性等政府治理范畴予以认知法治政府新内涵。②"法治政府的建设从来没有划一的模式"③，对法治政府概念内涵的分层多元表述，说明法治政府内涵丰富，以致难以形成高度抽象概括的现实，但"出于论证法治必要性和必然性的需要去解读法治的含义，也很容易产生随意性，或言过其实，或言犹未及"，甚至会陷入"定义法治"之泥沼，踯躅不前。④ 因此，也有学者另辟蹊径，通过量化分析跳出定义困境，设定法治政府的工作定义，使法治政府在更加具体、更为直接的意义上联系起法治实践。⑤

（二）操作化

概念的建构来自思维想象（观念）上的共识。在科学研究中，对概念的详述依赖于名义定义和操作定义。⑥ 所谓名义定

---

① 司开林、刘俊奇：《法治政府的基本理论界说》，《中共珠海市委党校 珠海市行政学院学报》2013年第2期。

② 关保英：《论法治政府的新内涵》，《南京社会科学》2015年第1期。

③ 罗豪才：《行政法与公法精要》（序言），辽海出版社、春风文艺出版社1999年版，第2页。

④ 参见张志铭、于浩《共和国法治认识的逻辑展开》，《法学研究》2013年第3期。

⑤ 钱弘道、方桂荣：《中国法治政府建设指标体系的构建》，《浙江大学学报》（人文社会科学版）2016年第4期。

⑥ ［美］艾尔·巴比：《社会研究方法》（第十一版），邱泽奇译，华夏出版社2009年版，第124—129页。

义，是指某个术语被赋予的意义，它无须指示真实。名义定义是任意的，如前所述，"出于论证法治必要性和必然性的需要去解读法治的含义"，① 但同时还多少有用。绝大多数的名义定义都代表了有关如何使用某一特定术语的某种共识，或者惯例。② 典型如法治政府。虽然法治政府内涵在当下依然有充分解释的必要和进一步发展的空间，但作为一个当代中国政治文明的新概念，作为对行政机构运行的形而上的理想描摹的一个术语，其已在理论界与实务界达成共识。③ 尽管某个术语的真正含义通常是模糊的甚至是有争议的，但出于研究目的，可以对其进行操作化的转化，赋予其操作化定义，使之指涉绝对具体，且不会模棱两可。④

操作化，就是将抽象的概念转化为可观察的具体指标的过程，或者说，它是对那些抽象层次较高的概念进行具体测量时所采用的程序、步骤、方法、手段的详细说明。其目的，就是要把我们无法得到的有关社会结构、制度或过程，以及有关人们行为、思想和特征的内在事实，用代表它们的外在事实来替换，以便于通过后者来研究前者。⑤ 按照概念次序建立的逻辑，对概念进行操作化处理，就是要给出概念的操作定义。因为测评的视角、方法和目的不同，可能会衍生出不同类型的操作定义，但无论何种操作定义，都必须具有如下三个特征：其一，

---

① 张志铭、于浩：《共和国法治认识的逻辑展开》，《法学研究》2013年第3期。

② [美]艾尔·巴比：《社会研究方法》（第十一版），邱泽奇译，华夏出版社2009年版，第128页。

③ 杨海坤、樊响：《法治政府：一个概念的简明史》，《法律科学》2016年第1期。

④ [美]艾尔·巴比：《社会研究方法》（第十一版），邱泽奇译，华夏出版社2009年版，第128—130页。

⑤ 风笑天：《社会研究方法》（第五版），中国人民大学出版社2018年版，第94—95页。

可分解为若干构成要素,且不同构成要素之间可替代而非绝对固定;其二,由若干关键要素构成的框架结构而非完整意义上的法治样态;其三,在不同时空情境下存在着个体差异与动态变化。就法治政府评估而言,既有的各种量化评估指标体系中的操作定义已经很好地诠释了科学研究中的法治政府的定义性质,使之摆脱了难以形成定论的定义困境,但要遵循操作定义的规则体系,通过变虚为实、变抽象为具体,把法治政府的原则要求转化为可操作的具体标准,形成推进法治政府建设的内在驱动力。《中共中央关于全面深化改革若干重大问题的决定》提出"建立科学的法治建设指标体系和考核标准",其目标是为现行法治运行状况进行"把脉"与"体检"。[1] 据此可知,包括法治政府评估在内的各类法治评估,应当主动回应这一诉求。因此,在遵循操作定义的规则体系,建构作为量化评估之核心的法治政府定义之时,主要应遵循制度性进路。毕竟"法治的定义在于法律怎样被制定、实施和理解,而不是停留在任何特定的法律文本上"[2]。同时,法治政府指标体系应是形式和实质的统一,技术面和价值面的糅合,两者不可偏废。[3] 在采取制度性进路建构法治政府的概念次序,进而进行结构化测量之际,应适当兼顾法治价值。法治的实现过程是"法治理想的规范化过程以及法治规范的现实化过程",[4] 将内在的法治价值原则转换为外部的法治规范要素,进而构建法治评估指标体系,可以

---

[1] 张德淼、李朝:《中国法治评估指标体系的生成与演进逻辑——从法治概念到评测指标的过程性解释》,《理论与改革》2015年第2期。

[2] Kathryn Hendley, "Sessing the Rule of Law in Russia", *Journal of International and Comparative Law*, 14 Cardozo, 2006, pp. 347–391.

[3] 唐明良:《法治政府指标体系构建中的几对关系及其呈现》,《浙江学刊》2013年第6期。

[4] 吴德星:《法治的理想形态与实现过程》,《法学研究》1996年第5期。

使更清晰明确地认知法治、建设法治成为可能。

在引入社会学"概念的操作化"以辨识抽象概念所指称的现实世界中的现象后,它一改法治理论抽象玄虚、哲理思辨的传统形式,使其与客观现实结合起来,具有科学主义之外观,变得可以测量或感知,但是我们必须清醒地认识到,"各种不同的操作化结果相互之间只是在反映概念内涵的准确性和涵盖性上存在着程度上的差别,唯一的、绝对准确、绝对完善的操作化指标是不存在的"①。而且更进一步,操作化的过程并没有一个系统化的程序可以遵循。②

二 维度

概念的澄清和界定只是解决了概念名义定义的内涵问题,即相当于给我们划定了概念内涵的具体范围。对于经验性的社会研究来说,还需要进一步列出其维度,使其转化成能具体观察和测量的实务。③ 或者说,完全的概念化还要区分概念的不同维度和确定概念的每一个指标。④

(一) 理论

许多比较抽象的概念往往具有若干不同的方面或维度。或者说,一个抽象的概念往往对应于现实生活中的一组复杂的现象,

---

① 风笑天:《社会研究方法》(第五版),中国人民大学出版社2018年版,第99页。
② [美] 艾尔·巴比:《社会研究方法》(第十一版),邱泽奇译,华夏出版社2009年版,第135页。
③ 风笑天:《社会研究方法》(第五版),中国人民大学出版社2018年版,第96页。
④ [美] 艾尔·巴比:《社会研究方法》(第十一版),邱泽奇译,华夏出版社2009年版,第126页。

而不仅仅只对应于一个单纯的、可直接观察到的现象。[①] 作为分类的技术术语,维度是指描述指标和概念的不同方面。[②] 同时,维度依然属于理论范畴,不能等同于经验层面的指标或量表。[③] 具体到法治政府指标体系而言,维度主要是指法治概念在制度层面的若干具体且可指明的面向。[④] "制度实质上是有明确界限的运转单位",[⑤] 法治制度既可以理解为与法治相关的机构或者职能,还可理解为专门的程序或秩序等多个方面,所以法治制度维度应建立符合一种法治理想样态的变量组合。但是,不同于法治价值的普遍规律,法治制度在不同时空中表现出更大的差异甚至是地方性特征。[⑥] 由于维度所依托之概念的抽象性,因而维度更多具有多元、多样之特性,如当前我国各地法治政府建设指标体系总体格局趋于一致但内在逻辑并不统一的特征,[⑦] 即从实践端反映出我国各地政府在制度性进路之下对于法治政府的不同理解。据不完全统计,目前全国已有 25 个省级政府出台了依法行政或法治政府建设的相关考核办法,但由于对法治政府建设指标体系内在逻辑的认知不同,或者说,对法治政府概念内涵的具体范围(即

[①] 风笑天:《社会研究方法》(第五版),中国人民大学出版社 2018 年版,第 96 页。

[②] [美] 艾尔·巴比:《社会研究方法》(第十一版),邱泽奇译,华夏出版社 2009 年版,第 125—126 页。

[③] 风笑天主编:《社会调查方法》(第二版),中国人民大学出版社 2016 年版,第 68 页。

[④] 张德淼、李朝:《中国法治评估指标体系的生成与演进逻辑——从法治概念到评测指标的过程性解释》,《理论与改革》2015 年第 2 期。

[⑤] [美] 劳伦斯·M. 弗里德曼:《法律制度——从社会科学角度观察》,李琼英、林欣译,中国政法大学出版社 2004 年版,第 5 页。

[⑥] 张德淼、李朝:《中国法治评估指标体系的生成与演进逻辑——从法治概念到评测指标的过程性解释》,《理论与改革》2015 年第 2 期。

[⑦] 钱弘道、方桂荣:《中国法治政府建设指标体系的构建》,《浙江大学学报》(人文社会科学版)2016 年第 4 期。

维度）认知不同，由各级政府主导的"法治割据"式的法治指数设计和推行或将更容易导致法治评估统一化的丧失。由此，"我国各级政府和部门主导的法治指数设计更要避免过分强调自身'特殊性'而背离法治内涵的'普遍性'"①。同样，在发掘与提炼法治政府指标体系的制度维度方面，也必须遵循三项准则：其一，承载与反馈法治价值基准；其二，保证自身的层级规齐与结构完整；其三，具有可操作性和可测量性。②世界正义工程法治指数指出，"这些法治指标无意于提供一种既存法律体系的制度结构和运行过程的完美描述，而是要提炼一系列关键性要素。而这些系列要素将为法治核心功能的实现提供评价系统"③。诚如斯言，法治政府指标体系的维度描摹，不必面面俱到，关键是要善于在理论视角上对复杂概念进行分解。④

（二）实践

"法与时转则治，治与世宜则有功。"⑤ 各地法治政府指标体系是各地法治政府建设实践发展需要与我国法治政府建设框架对接的结果，立基于法治政府建设的顶层设计与各地实践中的工作创新。⑥ 具体而言，各地法治政府指标体系的内容结构大

---

① 侯学宾、姚建宗：《中国法治指数设计的思想维度》，《法律科学》2013年第5期。
② 张德淼、李朝：《中国法治评估指标体系的生成与演进逻辑——从法治概念到评测指标的过程性解释》，《理论与改革》2015年第2期。
③ Mark Agrast, Juan Carlos Botero, and Alejandro Ponce: The World Justice Project Rule of Law Index 2011, The World Justice Project Publish, 2011, p.8.
④ 风笑天主编：《社会调查方法》（第二版），中国人民大学出版社2016年版，第68页。
⑤ 《韩非子·心度》。
⑥ 国家行政学院课题组：《法治政府指标体系与作用》，《中共天津市委党校学报》2014年第2期。

体遵循《全面推进依法行政实施纲要》、《国务院关于加强市县政府依法行政的决定》（国发〔2008〕17号）以及《国务院关于加强法治政府建设的意见》（国发〔2010〕33号）等三部文件设定的框架而召开，或具体化，或有所侧重，或有所取舍。其中，各地法治政府指标体系的基本架构，或者说其一级指标，就是抽象概念的维度展开。为了更加直观地展现各地各类法治政府建设指标体系的维度范围，以省、市、县三级政府最早出现的政府指标体系、浙江法治政府建设指标体系以及《中央全面依法治国委员会办公室关于开展法治政府建设示范创建活动的意见》所附的"市县法治政府建设示范指标体系"为分析样本，解读法治政府概念内涵的维度分解操作。

表1-1　　　　　　　　法治政府概念内涵之维度分解

出台单位	出台时间	指标体系名称	一级指标名称	一级指标数
中央全面依法治国委员会办公室	2019年	市县法治政府建设示范指标体系	政府职能依法全面履行、依法行政制度体系完善、重大行政决策科学民主合法、行政执法严格规范公正文明、行政权力制约监督科学有效、社会矛盾纠纷依法有效化解、政府工作人员法治思维和依法行政能力全面提高、法治政府建设组织领导落实到位	8
湖北省委、省政府	2010年	湖北省法治政府建设指标体系（试行）	政府职能界定与机构职责配置、制度建设、行政决策、行政执法、行政服务、社会矛盾的防范和化解、行政监督、依法行政能力建设	8
广东深圳	2008年	深圳市法治政府建设指标体系（试行）	政府立法工作法治化；机构、职责和编制法治化；行政决策法治化；公共财政管理与政府投资法治化；行政审批法治化；行政处罚法治化；行政服务法治化；政府信息公开法治化；行政救济法治化；行政监督法治化；行政责任法治化；提高行政机关工作人员依法行政的观念和能力	12

续表

出台单位	出台时间	指标体系名称	一级指标名称	一级指标数
广东深圳	2015年	深圳市法治政府建设指标体系	政府机构与权责法治化；政府立法工作与规范性文件管理法治化；行政决策法治化；公共财政管理与政府投资法治化；行政许可与政务服务法治化；行政执法法治化；政府信息公开法治化；行政救济、调解、裁决法治化；行政权力监督与责任法治化；法治政府建设工作保障	10
河北永年县委、县政府	2010年	永年县法治政府建设指标体系（试行）	政府职能转变和行政管理方式创新、加强规范性文件监督管理、完善行政决策机制、规范行政执法行为、建立健全防范和化解社会矛盾机制、强化行政行为监督、提高行政机关工作人员依法行政的意识和能力、推进依法行政工作组织领导	8
浙江省政府	2013年	浙江省法治政府建设考核评价体系（试行）	制度质量、行政行为规范、执行力、透明度、公众参与、矛盾纠纷化解、公务员法律意识和素养、廉洁从政	8

注：深圳于2008年由市委市政府在全国率先出台《深圳市法治政府建设指标体系（试行）》（12个大项）之后；2015年，市政府又出台《深圳市法治政府建设指标体系》（10个方面）。

以上指标体系虽庞杂，但主要是以《全面推进依法行政实施纲要》为参考设计，即便是新近出台的《中央全面依法治国委员会办公室关于开展法治政府建设示范创建活动的意见》所附的"市县法治政府建设示范指标体系"的八个一级指标，实际上也有效链接了《全面推进依法行政实施纲要》绘就的全面推进依法行政的整体结构：政府职能、行政决策、制度建设、规范执法、矛盾防化、行政监督、行政能力与组织保障等。概括而言，虽然各地指标的位序有所差异，但各地指标均聚焦于制度建设、行政决策、行政执法、社会矛盾防化、行政能力等方面，这从"文本、行动与观念"等三个维度，具体展现法治政府的内涵。① 或者，更确切地讲，法律价值（如制度建设）、法制功能（如决策、执法）、法治实践（如社会矛盾防化）等三个维度应成为法治政府评价的分析框架。当然，维度作为理论的范畴，无论是相对抽象意义的"文本、行动与观念"，法律价值、法制功能、法治实践等，还是具化的依托中央部署法治政府建设的规范性文件的细化展开，均是提供一种对复杂概念进行分解的视角。实际上，正如艾尔·巴比所述，"当操作化变量时，研究者常常会发现自己并不完全清楚变量涉及的那些维度……重要的是，要清楚哪些维度对研究更重要"②。总体而言，上述所提出的各类维度之下都存在着数以百计的法律规范性文件、相关机构配置以及这些制度、机构运行实施的数据资讯。从法治操作化角度分析，必须从上述制度维度中选择最为重要和突出的评估重点，作为维度范围上的界定，才能化繁为简，使接下来的法治测量指标操作化得到有效延续。

三 指标

指标就是表示一个概念或变量含义的一组可观察到的事物，换句话说，指标就是对一个抽象概念在经验上的具体说明，是用一组可以观察到的经验现象来"指示和标志"一个抽象概念。③ 相较而言，概念是抽象的，指标则是具体的；概念是人们的主观印象，指标则是客观存在的事物，因此，概念只能想象，

---

① 付子堂、张善根：《地方法治建设及其评估机制探析》，《中国社会科学》2014年第11期。
② [美]艾尔·巴比：《社会研究方法》（第十一版），邱泽奇译，华夏出版社2009年版，第136页。
③ 风笑天主编：《社会调查方法》（第二版），中国人民大学出版社2016年版，第63页。

指标则可以观察和辨认。① 操作化能够把概念性定义连接到一组测量的技术或者程序，使得概念可以通过观察、调查、统计等方法得以测量，最终结果就是各种可以直接进行测量的指标。② 简言之，任何指标都具有测量的功能，它们给事物规定了质与量的界限，从而使之可以量度和比较。③

（一）属性

理论上，一个事物的各个指标之间应当具备如下关系：互换性、完备性、互斥性。④ 互换性是指：如果多个不同的指标或多或少代表了同一个概念，而这个概念既真实又可被观察，代表这些指标的行为就会与代表这个概念的行为一致。也就是说，如果在一个法治政府的测评体系中，所有指标的测量都说明某地或某部门的得分更高，那么即便我们（也包括"他们"）对该地或该部门的法治建设存在诸多不同意见或看法，我们仍可以认为该地或该部门的法治建设更好。完备性是指：各项指标加总起来，能够涵盖该事物所有能观察到的情况。例如，法治政府建设指标体系，应当按照行政权运行的基本轨迹和依法行政的内在逻辑予以设定，而不应"呈现出一种多层次的政府和部门各自为政的多元化、实质内容地方化与部门化的现象"⑤。互斥性是指：各个指标之间不能存在相互重叠、涵括或矛盾的关系。例如，普遍守

---

① 风笑天：《社会研究方法》（第五版），中国人民大学出版社2018年版，第94页。

② ［美］劳伦斯·纽曼：《当代社会研究法：质化与量化取向》，王佳煌等译，台北学富文化事业有限公司2014年版，第274页。

③ 郑杭生、李强、李路路：《社会指标理论研究》，中国人民大学出版社1989年版，第231页。

④ ［美］艾尔·巴比：《社会研究方法》（第十一版），邱泽奇译，华夏出版社2009年版，第127—128、136—137页。

⑤ 姚建宗、侯学宾：《中国"法治大跃进"批判》，《法律科学》2016年第4期。

法可能意味着某个社会拥有强有力的法律规范，不过也有可能意味着某个社会拥有强有力的促进法律规范执行的非正式机制，甚至有可能意味着某个社会拥有内容和法律规范正好相同的强有力的非法律规范或者缺少那些会诱使犯罪的社会因素和经济因素。

同时，在建立指标筛选模型对指标的操作进行模拟实验时，还必须遵循如下原则。[1] 其一，目的性。在法治政府建设指标体系中，在确定每一个单项指标时，都应考虑此项指标在整个指标体系中的地位和作用，依据它所反映的某一特定研究对象（如某一环节或体系结构）的性质和特征，确定该指标的名称、含义和口径范围。就认识社会现象本身而言，有许多指标可供选择，但是究竟确定哪些指标才能科学地对所研究的社会现象（如法治政府）加以反映和分析，则必须充分考虑社会研究和社会管理的不同目的和要求。其二，科学性。依据一定的目的设计社会指标并确定其名称、含义和口径范围，即对指标名称的质的规定，在理论上必须有科学根据，在实践中必须可行而有效，这样才能用来收集资料并予以数量表现，而后据以作出正确的分析和应用。对于社会现象的性质和特征的认识，则属于定性认识。由此可见，对社会现象的定量认识要以定性认识为前提和基础。其三，联系性。指标体系中的各个具体指标之间，在其涵义、口径范围、计算方法、计算时间和空间范围等方面，必须是相互衔接而有联系，这样才能综合而全面地认识社会现象之间的数量关系、内在联系及其规律性。特别是构成复合指标的各单项指标应该是既有一定的相关，又不是完全关联在一起。[2] 其四，可比

---

[1] 重点参考朱庆芳、吴寒光《社会指标体系》，中国社会科学出版社 2001 年版，第 20—22 页。

[2] 即使最相近的指标也不等于概念本身，两者之间有差距。正因如此，一些学者提出，在社会学上，为确切地反映出理论概念，不仅应设计单一的社会指标，而且应设计出"复合的社会指标"。具体参见郑杭生、李强、李路路《社会指标理论研究》，中国人民大学出版社 1989 年版，第 56—60 页。

性。在目的一定的前提下，要求社会指标具有科学性、联系性，都是为了保证社会指标上具有可比性，因为只有可比的社会指标，才能提供准确的信息资料。可比性要求有两个含义。一是在不同的时间或空间范围上具有可比性；二是在地区之间进行比较时，一般用相对数、比例数、指数和平均数等进行比较才具有可比性。其五，可行性。要考虑到指标实际运行的现实条件或达到预期社会效果的可能的支撑条件。

（二）应用

指标是最受中国学者重视的评估工具，法治评估可以不必有具体的概念，但是一定要有具体的指标。作为评估项目的一种，法治政府测量指标因其评估对象的特殊性，在从抽象到具体的转化中，尚属"试错"与"调整"，并从中得到从优的选择，因此在理论与实践中必须重点把握好以下三对关系，以全面呈现法治政府的内在要求，确保指标体系覆盖度的合理性。

其一，主观性与客观性的关系。"在法治指数的设计中，主观指标与客观指标的关系是重要的基础性问题。"[1] 主观指标立足于人们对客观社会现象的感受，表现为人们的心理状态、情绪、愿望和满意程度等。[2] 具体包括两层含义：一是指人们对客观状况的主观感受，主要表现为主观对客观之间的认知关系和评价关系；二是指人们对客观状况的主观感受与预期之间的比较。客观指标则反映客观社会现象。[3] "在法治政府的指标体系构建及其运作中，如何合理搭配主观性指标和客观性指标，并实现主客观指标各自的精准化、科学化，也是值得深思和认真处理的一

---

[1] 蒋立山：《中国法治指数设计的理论问题》，《法学家》2014年第1期。

[2] 郑杭生、李强、李路路：《社会指标理论研究》，中国人民大学出版社1989年版，第38—39页。

[3] 同上书，第38页。

个议题。"① 实践中，客观数据、材料与人的主观反应并不总是一致，因此，法治政府评估中妥善处理好主观性与客观性的关系应重点把握以下三个方面。一是指标体系要兼容主客观。目前政府的统计数据在法治评估中占据了很大比重，② 但"数据的使用既有描述性的，也有评价性的，有时则作为解释的依据（佐证）；但是，相同的数据得出的结论可能存在差异，有时甚至导致迥然不同的判断"③。因此，在评估指标方面，需要认真对待、发挥主观指标的功能，不必过度强调客观指标。客观指标的选取也是主观判断的结果，每一个客观指标都隐含着主观意图，本质上都是主观指标。④ 针对主观指标的评价问题，采用建立模糊综合评价模型等量化技术，也可以将模糊因素数量化。⑤ 因此，理想中的主观指标与客观指标，两者之间应该可以相互参照、相互比较和验证，而不是取代关系或者谁主谁次。二是客观数据的应用要结合社会情境。"评估的任务不仅是信息的收集，而且还包括对信息的评价。"⑥ 既有的各类统计数据，或存在数据的不准确或意义的模糊性，或统计范围的有限性，或分类方法的局限性等，⑦

---

① 唐明良：《法治政府指标体系构建中的几对关系及其呈现》，《浙江学刊》2013 年第 6 期。

② 周祖成、杨惠琪：《法治如何定量——我国法治评估量化方法评析》，《法学研究》2016 年第 3 期。

③ 范愉：《多元化的法律实施与定量化研究方法》，《江苏大学学报》（社会科学版）2013 年第 2 期。

④ 孟涛：《中国大陆法治评估运动的回顾、述评与前瞻》，《人大法律评论》（2014 年卷第 2 辑），法律出版社 2015 年版，第 68 页。

⑤ 张灵莹：《定性指标评价的定量化研究》，《系统工程理论与实践》1998 年第 7 期。

⑥ [德] 赖因哈德·施托克曼、沃尔夫冈·梅耶：《评估学》，唐以志译，人民出版社 2012 年版，第 61 页。

⑦ 范愉：《多元化的法律实施与定量化研究方法》，《江苏大学学报》（社会科学版）2013 年第 2 期。

虽然统计数字是客观的，但如果不能全面地把握政策变动、时代变迁、制度设计、社会因素、实务部门的实践以及各种差异性因素，就不可能对这些数据建立起合理的解释并进行科学分析。申言之，援引这些形式化的统计数据作为客观指标之际，必须引入情境化因素，尽可能地揭示研究对象所处的客观条件、背景、相关变量之间的关系等。① 三是主观指标的回应性问题。美国学者古巴和林肯将复杂的评估世界划分为四个连续的、具有鲜明性的时代模式，即测量、描述、判断、协商，四者前后相继。其中，目前已进行第四代评估——协商，其核心特征就是评估者和利益相关者一起对评估目标的估值进行共同的"建构"。② 因此，主观指标应定位为不同价值观融会贯通之最大公约数之载体，而不能矮化为"民意调查"或专家主观臆断。同时，设计主观指标时，要厘清主观指标的具体指向：到底是主观对客观的认知或评价，还是主观感受与预期之间的比较，这是设计主观指标的首要问题。实践中，国内一些相关机构进行的法治满意度测评，被人们认为法治相对落后的偏远地区的法治满意度得分反而高于一些法治水平相对较高的大城市的水平，即混淆了主观指标的两层含义，"错把杭州当汴州"。

其二，形式性与实质性的关系。为防止法治政府建设陷入形式主义的泥潭而难以取得实质性进展，在法治政府评估中既要纳入"政府做了什么"的指标，又要纳入"政府做得怎么样"的指标，以进行形式与实质的全面测评。一是建立多维的指标组合模式。以法律价值指标、法制功能指标与法治实践指标兼容方式建立指标组合模式。"法是社会现象，因而是运动中

---

① ［德］赖因哈德·施托克曼、沃尔夫冈·梅耶：《评估学》，唐以志译，人民出版社2012年版，第95页。
② 同上书，第116—132页。

的法，而不是纸面上的法。"① 基于政府推进的自上而下主导型的法治建设道路，以法制功能与法治实践（法治功能的运行）指标为指引，既有助于政府规范立法（包括规范性文件）、民主决策、文明执法、政务公开与权力监督等，又有助于政府严格依法行政以及社会普遍遵循守法用法，使各项法律制度得到有效落实。同时，法律价值指标，以人与法的关系为基础，满足人对法的需求及其法律化，包含正义、自由、秩序、平等、公平、公正等基本法律价值。三类指标之间应当保持结构上的平衡，但在"法律体系"向"法治体系"转向的新时代背景之下，当前可重点考量法律价值指标与法治实践指标。二是慎用"一票否决"。受政府绩效评估"一票否决"影响，亦有不少地方在法治政府建设指标中设计了"一票否决"指标。对此，我们认为应慎重，可设可不设的尽量不设。法治政府建设具有明显的阶段性和渐进性，不宜以"一票否决"指标否定该地或该部门在推进法治政府建设方面的整体成效，而且对于特别重要的约束性指标，亦可采取赋予高权重分值的方式予以变通处理。同时，作为一项制度的"一票否决"，在法律上定性也不明确，事实上也难以与现行的考核制度与问责制度兼容。②

其三，稳定性与渐进性的关系。中国法治在自然演进力和社会推进力的共同作用下正不断向前发展，这一不争的事实使法治政府内涵出现了稳定性与渐进性之争。于法治政府建设指标体系的设计与应用而言，由于其量化得分应当经得起横向、纵向比较，再加之指标体系的引导功能，因此，作为评价指标体系应当具有一定的稳定性和预期性。但随着中国法治建设的纵深推进，法治政府内涵必定会愈加丰富与多元，因此，指标体系应当保持

---

① 孙笑侠：《法的现象与观念》，山东人民出版社2003年版，自序，第1页。

② 王釜岫：《如何评估政府的法治水平》，《中国社会科学报》2015年10月28日第5版。

适当的开放性与渐进性，根据不同时期法治政府建设的重点有所微调，以契合我国的"政府推进型"法治进路。同时，"互联网+"的应运而生，也对传统意义上的法治政府建设提出了新命题新挑战。如"互联网+"时代所具有的数据联通性和全样本性等特性，可能颠覆传统以因果性筛选测评指标的主要方法，而代之以相关性。大数据时代，数字化信息的大量产生，持续积累，快速处理和智能应用形成连续循环，这种现象加深了人们生活的数字化程度。① 而"当数据规模达到'大数据'水平后，大数据将运用相关关系'自动'呈现在传统条件下无法显现的结果，以及传统因果关系分析难以发现和解释的规律"②。故而，随着评估实践的深入和经验的积累，特别是新分析技术的引入，指标体系本身的技术之维也会走向更加成熟，要推动这种技术成熟并付诸实践以实现指标体系的可持续改进。

"删繁就简三秋树。"上述原理大致刻画了在科学研究中，如何将一个含义模糊不清的术语转换成结构化科学研究中的具体测量的步骤。但同时，"社会科学研究者建构和评估测量时，他们更加关注两项技术性指标：信度和效度"③。其中，信度即可靠性，它指的是采取同样的方法对同一对象重复进行测量时，其所得结果相一致的程度。效度即准确度，它是指测量工具或测量手段能够准确测出所要测量的变量的程度，或者说能够准确、真实地度量事物属性的程度。④ 中国法治评估过于强调指

---

① 周耀林、吴化：《大数据时代的信息文化研究——从信息、技术和人的角度解析》，《现代情报》2019年第8期。

② 刘佳奇：《论大数据时代法律实效研究范式之变革》，《湖北社会科学》2015年第7期。

③ [美]艾尔·巴比：《社会研究方法》（第十一版），邱泽奇译，华夏出版社2009年版，第143页。

④ 风笑天：《社会研究方法》（第五版），中国人民大学出版社2018年版，第107—108页。

标，忽视了指数建构的整体逻辑。因此，中国人民大学孟涛教授以世界正义法治指数为研究范例，建议国内的各类法治指数应改进指标的操作量化环节，对指数结果进行统计审查。[①] 同时，他还以余杭法治指数和全国法治政府评估为样本，进行了信度、效度等统计审查，认为两者均具有信度和一致性不高、效度有偏差等问题。[②]

于地方实践而言，受相关研究启发，浙江法治政府建设专业机构评估自2017年即引入信度与效度的统计审查，借此探索提升指标的科学性。当然，毋庸讳言，当下中国的各类法治指数多是法学界主导或参与，受制于知识结构、专业背景等诸多因素，学者们在热衷于将定性化的指标和标准转化为定量化的数量指标和标准之际，对这样的转化是否科学以及这样的转化有没有限度，却有意或无意地忽视了。由此，指标体系的建构中更应注重引入行之有效的评判方法，以验证指标设计的科学性，提升法治指数的质量和公信力，借此在技术层面实现与国际法治指数的对话与交流，使我国在国内外掌握法治话语权上更加主动。至于权重的确定方法与指标的选择方法基本相同，即经验判定和专家意见集中程度相结合，这样确定的权重比较客观、全面。[③]

[①] 孟涛：《法治的测量：世界正义工程法治指数研究》，《政治与法律》2015年第5期。

[②] 孟涛、江照：《中国法治评估的再评估——以余杭法治指数和全国法治政府评估为样本》，《江苏行政学院学报》2017年第4期。类似研究还有李瑜青、张玲《法治评估实践的效度——基于"余杭法治指数"的文本研究》，《常州大学学报》（社会科学版）2016年第5期。

[③] 朱庆芳、吴寒光：《社会指标体系》，中国社会科学出版社2001年版，第130页。

第二章　法治政府建设第三方评估的浙江探索

　　2012年11月,党的十八大提出到2020年基本建成法治政府的战略目标;2013年11月,党的十八届三中全会又以十八大的战略目标为牵引,以全面深化改革为主线,在推进法治中国建设的重要领域提出"建立科学的法治建设指标体系和考核标准"。① 作为法治中国核心的法治政府建设,早于国家战略布局提出前,各地就已尝试引入评估机制,以引导、推进和评估地方法治发展,由此,法治评估活动在短短几年内已经积累了许多理论与实践成果。② 就浙江而言,省委、省政府坚持"一张蓝图绘到底",坚持"依法规范行政权力、全面建设法治政府,是建设'法治浙江'的关键所在",③ 于2013年10月印发《浙江省法治政府建设实施标准》,先行一步,在全国率先启动法治政府专业机构评估(或称第三方评估),建立政府内部、专业机构、社会公众"三维一体"的考核评价体制。④ 多年实践中,浙江法治政府建设第三

---

①　王釜屾:《如何评估政府的法治水平》,《中国社会科学报》2015年10月28日第5版。

②　周祖成、杨惠琪:《法治如何定量——我国法治评估量化方法评析》,《法学研究》2016年第3期。

③　浙江省中国特色社会主义理论体系研究中心:《从"法治浙江"到"法治中国"》,《浙江日报》2018年7月22日第3版。

④　夏利阳、王勇:《浙江法治政府建设考核评价体系及其启示》,《中国行政管理》2014年第6期。

方评估坚持"问题导向、公众视角、分类施策、依法评估、内外结合"的评估理念与思路,认真发现与推动解决问题,加强法治政府建设的民主参与,提高政府调控法治政府建设的能力。

一 制度滥觞:实践需要与理论推动

"治国者必先受治于法。"作为市场改革的先发省份,浙江经济社会发展较快,社会主义市场经济体制比较完善,法治浙江建设全面深化,一些地方在推进法治政府建设的制度化、规范化和程序化方面创造了不少好的做法和经验,使浙江有基础、有条件、有能力在法治政府建设方面进行积极探索,以适应全省经济社会发展走在前列的客观需要。

(一)"八八战略"指引下法治浙江建设客观需要

"八八战略"是习近平同志在浙江工作期间提出的重要思想,即进一步发挥八个方面的优势、推进八个方面的举措,其中之一即"进一步发挥浙江的环境优势,积极推进基础设施建设,切实加强法治建设、信用建设和机关效能建设"[1]。在"八八战略"指引下,2006年4月,中共浙江省第十一届委员会第十次全体会议审议通过《中共浙江省委关于建设"法治浙江"的决定》,率先开始法治中国建设在省域层面的实践探索。其中,法治浙江建设"八大任务"之一就是加强法治政府建设,使法治成为浙江综合竞争软实力的一个重要方面,并通过法治建设来营造良好的发展环境。[2] 作为法治浙江建设的关键所在,多年来,全省各级党委政府始终把加快建设法治政府作为深入

---

[1] 参见潘家玮、郭占恒等《大道之行——深入实施"八八战略"》,浙江人民出版社2006年版,第9—10页。

[2] 沈建明:《把省委关于建设法治浙江的决定落到实处》,《浙江经济》2006年第11期。

实施"八八战略"的重要内容扎实推进，依法执政水平明显提高，科学立法、严格执法、公正司法、全民守法取得显著成效，走出了一条经济发达地区法治先行先试的道路。

2012 年，党的十八大进一步提出，法治是治国理政的基本方式，要加快建设社会主义法治国家，全面推进依法治国。站在新的历史起点上，面对新的形势任务，作为法治中国的先行区和示范区，承继"八八战略"法治化的治理导向，客观要求把法治浙江建设经验坚持好、成果巩固好、工作开拓好，尤其是要抓住率先基本建成法治政府这"关键一招"，作为法治建设的主要载体，全面深化法治浙江建设。实际上，"法治浙江"的战略思路同十八大以来党中央提出的"法治中国"理念和全面依法治国战略部署形成了息息相通的内在联系。①

（二）理论界与实务界合力推动

各省市通过法治评估推进地方法治建设的模式，是地方法治现象中的另一道亮丽风景。② 自 2004 年《全面推进依法行政实施纲要》确立了"经过十年左右坚持不懈的努力，基本实现建设法治政府"的目标，并按照依法行政的逻辑结构和行政权的运行过程提出七项具体任务，嗣后，理论界、实务界关于法治政府建设衡量标准的理论探讨与实践探索相继涌现。《全面推进依法行政实施纲要》成为实践领域界定法治政府内涵的主要依据，各地政府设定的法治政府建设任务与法治政府建设指标体系都充分证实了这一点。③ 随着理论探讨的深入，以及深圳、

---

① 何显明：《"八八战略"与"四个全面"的精神契合》，《浙江日报》2017 年 6 月 19 日第 11 版。
② 付子堂、张善根：《地方法治建设及其评估机制研究》，《中国法理》（第 1 辑），法律出版社 2015 年版，第 37 页。
③ 钱弘道、方桂荣：《中国法治政府建设指标体系的构建》，《浙江大学学报》（人文社会科学版）2016 年第 4 期。

湖北、四川、广东等地蓬勃展开的法治政府指标体系构建与评估实践，皆为浙江借鉴总结各方经验，结合法治浙江建设的生动实践，构建具有自身特色的法治政府评估指标体系丰富了理论基础与实践参照。

2012年3月，原省政府法制办与省社会科学院联合组成课题组（以下简称课题组），启动浙江省法治政府考核评价体系的攻关工作。历经一年多实地调研、文献梳理、体系研发，并经各方论证后，法治政府建设考核评价体系（初稿）于2013年3月正式形成。这里需要特别强调的是，浙江法治政府建设考核评价体系构建之初，即自发地注重评估民主参与功能，强调评估可信性，引入第三方评估，以便使行政系统自我评价与外部评价形成参照，及时校正不适应的评价结果。[①] 2013年4—7月，课题组选择部分省级单位，以及市、县（市、区）政府，以法治政府建设考核评价体系（初稿）为蓝本进行模拟测评，重点平衡、校正省级各单位在传统依法行政工作考核中因职能差异而造成得分不均衡现象，避免评价体系正式应用时出现因相关单位"依法行政做得越多、失分点越多"的困境造成各利益方异议；同时，课题组根据模拟测评结果，着重从可行性与可靠性的角度修订了第三方评估的部分指标。8月，省政府常务会议研究通过《浙江省法治政府建设实施标准》和《浙江省法治政府建设主要评价指标（试行）》，并于10月16日公布。

按照省政府统一部署，浙江法治政府建设考核评价由省建设法治政府（依法行政）工作领导小组办公室牵头按年度对40余家省级单位、11个设区市政府（以下统称为被评估对象）组织开展，具体分为内部评价（占总分值的50%）、专业机构评估（占总分值的35%）和社会满意度测评（占总分值的15%）。其

[①] 夏利阳：《法治政府的实践理性与评价体系建构》，《浙江学刊》2013年第6期。

中，专业机构评估明确由省社会科学院具体实施。基于此，在前期参与课题攻关成员基础上，省社科院成立法治政府建设专业机构评估工作领导小组办公室（以下简称项目组），自2013年开始，具体从事法治政府建设的第三方评估工作。其中，浙江法治政府建设第三方评估源于体制，相对独立，但评估结果又与体制内执行力的有效衔接（浙江法治政府建设的第三方评估结果直接纳入目标责任考核分值），这一特点，使得第三方评估发现的一些实质性问题，可以借助体制内执行力督促被评估对象整改。

此外，课题组主要成员针对法治政府考核评价体系的阶段性研究成果也在当年同步刊出，重点解读法治政府评价体系构建的关键要领与主要原则，以及法治政府建设对经济增长的测算原理，既展示评估主要思路，也体现主要意图——在个案实践与数据持续累积的基础上，变"法治GDP"从口号到实践，以期真正实现"经济GDP"与"法治GDP"的双向驱动。[①]

二　评估实践：基本思路与主要内容

浙江法治政府建设第三方评估，坚持问题导向与效果导向，以解决行政问题作为评估体系建构的逻辑起点，按照行政权运行的内在逻辑整合各类行政法机制，着眼于整体推动全省法治政府建设。

（一）基本思路

理念决定思路，思路决定实践。"作为现代社会的一项发

[①] 课题组成果的文章刊发在《浙江学刊》2013年第6期的"法治政府评价体系的基本理论与设想"（笔谈），具体为夏利阳《法治政府的实践理性与评价体系建构》；唐明良《法治政府指标体系构建中的几对关系及其呈现》；毛伟《法治政府建设对经济增长的贡献及测算》三篇文章。

明，借助评估，不仅可以了解干预的预期效果，而且还可以了解非预期效果，为社会反思提供经验基础。"① 鉴于此，浙江法治政府第三方评估在工作实践中，始终坚持"因地制宜、兼济全国""因法而循、适度前瞻""因势利导、典型示范"等思路，注重制度落地的第三方独立评估，促进政府依法行政方式改革和治理方式创新。

1. **因地制宜、兼济全国**

从2008年始，各地相继出台的法治政府建设指标体系，基本按照《全面推进依法行政实施纲要》规定的法治政府七项内在标准予以展开。浙江法治政府建设第三方评估，建构指标体系时，充分借鉴前述各地体系经验，以《国务院关于加强法治政府建设的意见》为主线，参考原国务院法制办2009年完成的《关于推行法治政府建设指标体系的指导意见（讨论稿）》，以及《中共浙江省委关于建设"法治浙江"的决定》，力求在国家统一的制度框架下建构兼具地方具体创新实践的法治政府建设评价体系。

"建设社会主义法治国家，又离不开地方的具体实践。"②《中共浙江省委关于建设"法治浙江"的决定》部署法治政府建设主要任务时，强调要用整体观点来看待法治政府建设，坚持立法、执法、司法、守法同步推进，把法的内在结构、外在联系和发展过程作为一个整体加以认知，并用以指导法治政府建设的全面推进与法治，切实要求把行政依法落实到政府工作的各个环节、各个方面。③ 由此，作为建设"法治浙江"的关键所在，浙江全面建设法治政府任务部署内蕴的整体推进法治

---

① ［德］赖因哈德·施托克曼、沃尔夫冈·梅耶：《评估学》，唐以志译，人民出版社2012年版，第3页。

② 习近平：《干在实处　走在前列——推进浙江新发展的思考与实践》，中共中央党校出版社2013年版，第362页。

③ 朱瑞忠、戴连俊、韩倩：《法治中国的浙江实践》，《今日浙江》2013年第9期。

政府建设的理念、制度与实践等，是项目组最终决定采用整体法治观构建法治政府评价指标体系的根本原因。

具体而言，《中共浙江省委关于建设"法治浙江"的决定》主要从制度质量、行为规范、透明度、公众参与、公务员法律意识和素养、廉洁从政等方面具体部署浙江全面推进法治政府建设任务，其中多数内容在《国务院关于加强法治政府建设的意见》中也有所体现。因此，项目组立足推动浙江率先基本建成法治政府、不断提高法治浙江建设水平的使命与担当，指标体系研发以《中共浙江省委关于建设"法治浙江"的决定》有关法治建设的系统部署与总体布局为主要遵循，同时深刻理解和把握《国务院关于加强法治政府建设的意见》有关执行力、矛盾纠纷化解等内容意旨与制度结构，全面链接法治政府，架构浙江法治政府建设第三方评估体系的基本框架。

2. 因法而循，适度前瞻

评估指标是评估活动的核心，直接决定评估效果的关键。在遵循整体法治观，坚持法治政府、服务政府、廉洁政府、责任政府、创新政府等多目标合一的前提下，项目组规避无休止的有关法治政府概念争论，从问题入手，以《全面推进依法行政实施纲要》《国务院关于加强法治政府建设的意见》等部署依法行政与法治政府建设的纲领性文件，以及浙江省委省政府落实法治政府建设具体实施意见或要求等为依据，提炼二级、三级等各子项评估指标。

为什么必须要"因法而循"——依据相关法律法规规章乃至规范性文件等设计评估子项指标，主要原因在于浙江法治政府建设第三方评估结果有效衔接体制内执行力，纳入目标责任考核，并作为年度法治政府建设（依法行政）先进单位评选的主要依据，涉及各方利益。因此，审慎设定各项评估指标，确保"无争议"，并督促被评估对象完成法治政府建设"规定动作"，是项目组必须考虑的现实诉求。当然，在考虑"规定动作"约束性指标之外，项目组尝试引入了个别激励性指标，在注重评估指标设计合法性的同时，也寻求评估导向的最佳性。

如自2014年开始，项目组推出"（法规确定的）配套制度制定职责履行情况"的评估指标即是一范例。所谓"配套制度制定职责履行情况"，具体是指，省人民代表大会及其常务委员会制定的地方性法规，通常会要求省级有关单位、设区市政府"应当"就某一事项制定应急预案、实施办法或者发展规划等，但各涉及单位是否制定、是否及时制定、是否怠于履行相关职责，实践中一直缺乏应有的评估。鉴于此，为督促被评估对象主动作为、切实履行好职责，项目组梳理浙江省地方性法规对省级各单位、设区市政府有明确配套制度制定义务的条文，通过《法治评估信息征集函》（即本书所经常提及之"征询函"），要求被评估对象就所梳理其应履行的配套制度制定义务提供佐证材料。如《浙江省农村集体资产管理条例》第10条第1款规定："农村集体土地依法被征收为国有土地的，设区的市、县（市、区）人民政府除依照法律、法规规定的标准给予补偿外，还应当按照被征收土地面积的一定比例，为被征地村安排集体经济发展留用地，或者以留用地指标折算为集体经济发展资金等形式予以补偿。具体办法由设区的市人民政府制定。"由此，项目组通过征询函形式，年底发函至各设区市政府，了解其是否制定农村集体土地被征收为国有土地的补偿办法。2014—2016年，项目组通过函询形式，共督促23家省级单位、11个设区市政府分别落实67件、312件配套制度制定义务。

3. 因势利导、典型示范

浙江第三方评估推进过程中，既兼顾法定"约束性"、适当"激励性"，又注重从被评估对象法治政府建设丰富实践中抽象、提炼测评指标，使其从个别单位或行业亮点向浙江全域法治政府建设"一般性指标"转变，借助评估指标的预期、导向作用，推动全省法治建设的整体提升。如"政府财政透明度"各子项指标的设计即受台州温岭参与式预算实践的启迪。

同时,为大力培育法治政府建设先进典型,充分发挥先进典型示范带动作用,自 2014 年起,项目组开始"法治政府建设创新项目与案例"评选活动,按照"自愿申报、专家评审"方式,作为第三方评估加分项目。至今,已有 8 个设区市政府 15 个项目、22 家省级单位 36 个项目入选。

(二)评估内容

基于省级各单位、设区市政府职责差异以及"条块"管理区别,项目组坚持整体推进法治政府建设,在保证指标体系基本框架(一级指标)不变前提下,分类施策,尊重省级各单位、设区市政府的特殊性,分别设计二级、三级等各子项指标。

表 2-1　　　　　省级单位第三方评估指标

一级指标	权重	二级指标	权重	数据来源
制度质量	12	规范性文件合法性审查与质量(2013)	8	省规范性文件管理平台
		规范性文件清理实施	4	门户网站
行政行为规范	14	行政诉讼败诉(2013)	6	中国裁判文书网
		重大行政决策程序规则建立健全情况	4	征询函
		本系统"双随机"抽查监管办法和随机抽查事项清单落实情况	4	门户网站
执行力	12	配套制度制定义务履行情况(2014)	6	征询函
		政策解读	3	媒体
		政务公开分管负责人公开	3	门户网站
透明度	19	财政透明度	6	门户网站
		依申请信息公开实测(2014)	6	实测
		2015 年度政府信息公开年度报告公开情况(2013)	4	门户网站
		2008—2014 年政府信息公开年度报告公开情况	3	门户网站

续表

一级指标	权重	二级指标	权重	数据来源
公众参与	12	规范性文件公开征求意见（2013）	6	省规范性文件管理平台及网络检索
		2015年度法治政府建设情况报告公开	4	门户网站
		政务服务网咨询答复	2	实测
矛盾纠纷化解	11	部门法制工作队伍建设（2013）	4	随机选择
		10人以上群体性案件发生情况	4	中国裁判文书网
		行政处罚结果公开	3	浙江政务服务网
公务员法律意识和素养	10	领导干部集体学法制度建立健全及运行	4	征询函
		行政机关负责人出庭应诉（2013）	3	中国裁判文书网
		法治政府建设任务分解实施	3	征询函
廉洁从政	10	贪腐案件和渎职案件状况（2013）	5	网络
		执行八项规定情况（2013）	5	网络

注：(1) 为使表格内容清晰且便于阅读，此处仅列出评估的一级、二级指标，至于其后操作层面的次级指标暂未列出；(2) 所谓数据来源，主要是指标获取渠道，作为独立第三方评估，秉持对被评估对象法治政府建设工作过程的评估，主要以网络或媒体数据检索等自我获取数据方式为主；(3) 各二级指标后的年度表示该指标自该年至今持续应用（表2亦如此）；(4) 本表所列指标均系2016年度评估所采用指标。

表2-2　　　　　　　　设区市政府第三方评估指标

一级指标	权重	二级指标	权重	数据来源
制度质量	12	规范性文件合法性审查与质量（2013）	8	省规范性文件管理平台
		规范性文件清理实施	4	门户网站
行政行为规范	13	行政诉讼败诉（2013）	6	中国裁判文书网
		重大行政决策程序规则建立健全情况	3	征询函
		政府法制机构向本级政府报告本级政府及部门行政合同清理落实情况	4	征询函

续表

一级指标	权重	二级指标	权重	数据来源
执行力	12	配套制度制定义务履行情况（2014）	6	征询函
		贯彻中央和省委省政府重大决策与规定情况（2013）	3	征询函
		政策解读	3	征询函
透明度	17	财政透明度（2013）	6	市政府门户网站或市财政门户网站
		依申请信息公开实测（2014）	6	实测
		2015年度政府信息公开年度报告公开（2013）	3	门户网站
		政府财政专项资金管理情况公开	2	浙江政务服务网
公众参与	13	重大行政决策程序规则运行情况	4	征询函
		规范性文件公开征求意见（2013）	6	省规范性文件管理平台及网络检索
		2015年度法治政府建设情况报告公开	3	门户网站
矛盾纠纷化解	10	行政复议化解矛盾纠纷的作用发挥（2013）	4	随机选择该地政府作出的复议决定书评审
		10人以上群体性案件发生情况	3	中国裁判文书网
		仲裁制度落实	3	征询函
公务员法律意识和素养	12	领导干部集体学法制度建立健全及运行（2013）	4	征询函
		法治政府建设任务分解实施	2	征询函
		政府工作报告总结或部署法治政府建设情况	3	网络
		行政机关负责人出庭应诉（2013）	3	中国裁判文书网
廉洁从政	11	贪腐案件和渎职案件状况（2013）	5	网络
		执行八项规定情况（2013）	6	网络

1. 关于评估内容的三点说明

第一，体系基本框架的"和而不同"。尽管省级各单位、设区市政府的第三方评估指标在二级指标设计上具有一定区分度，但基本框架沿用《浙江省法治政府建设主要评价指标（试行）》确定的推动法治政府建设的八个一级指标，保持基本框架的稳定性。之所以这样做，一是源于体制且又与体制内执行力有效衔接，要求第三方评估体系遵循《浙江省法治政府建设主要评价指标（试行）》确定的基本框架，"依法评估"。二是出于数据积累与测算"法治GDP"的需要。如前所述，项目组在第三方评估启动之初，就试图测算法治对经济的贡献度，但"巧妇难为无米之炊"，缺乏有效、丰富的法治评估数据一直是"法治GDP"难以付诸实践的"阿喀琉斯之踵"。因此，项目组希望依托相对稳定的评估基本框架以获取稳定的评估数据源或评估分值，持续累积，增加评估数据"厚度"，借此测算"法治GDP"。

第二，指标体系基本框架"与时俱进"。2015年12月，中共中央、国务院印发《法治政府建设实施纲要（2015—2020年）》（中发〔2015〕36号）。作为加快建设法治政府的奋斗宣言和行动纲领，《法治政府建设实施纲要（2015—2020年）》提出了法治政府基本建成的七项衡量标准——政府职能依法全面履行、依法行政制度体系完备、行政决策科学民主合法、宪法法律严格公正实施、行政权力规范透明运行、人民权益切实有效保障以及依法行政能力普遍提高。[1] 这七项标准勾勒出法治政府基本建成的总体模样，而作为主要源于《国务院关于加强法治政府建设的意见》等文件而建构的浙江法治政府建设第三方评估体系是否就此调整，以适应推动法治政府基本建成的总体目标，在2016年开展的第三方评估实践中就显得尤为迫切。项目组认为，虽然《法治政府建设实施纲要（2015—2020年）》

---

[1] 袁曙宏：《加快建设法治政府的奋斗宣言和行动纲领》，《紫光阁》2016年第2期。

对法治政府提出新要求新任务，但其意旨、内核等却与《全面推进依法行政实施纲要》《国务院关于加强法治政府建设的意见》等一脉相承，均强调行政应受法律支配、行政应当服从法律，并以此为核心，按照行政权运行的内在逻辑构建了法治政府建设的不同着力点。因此，在保证基本框架不变的前提下，项目组适当修订部分二级指标即可适应《法治政府建设实施纲要（2015—2020年）》新要求。如2016年项目组依据《法治政府建设实施纲要（2015—2020年）》测评被评估对象是否在第一季度通过报刊、政府网站等向社会公开本单位的上一年度法治政府建设情况报告。评估结果显示，除11个设区市政府按时公开本地法治政府建设情况报告外，43家被评估的省级各单位，仅有25家单位按时公开了本单位的法治政府建设情况报告。面对法治政府建设新要求或"规定工作"，部分单位反应不够及时，乍看是件小事，但深层次反映出各单位运用法治思维与法治方式推动工作常态机制尚未建立。

第三，评估定位瞄准问题与效果。抓难点、补短板，是浙江推进法治政府第三方评估的主要动力，也是浙江第三方评估的基准定位。由此，项目组设计评估各子项指标时，尤其注意与中央、地方党委政府重点工作的衔接，注重对上级部门既有工作部署落实情况的第三方独立评估。2016年，为主动响应中国社会科学院法学所法治指数创新工程项目组在全国开展的政务公开第三方评估，补齐浙江政务公开短板，推动浙江政务公开工作总体走在全国前列，项目组在评估指标设计中加强政务公开测评力度，将公开工作有机融入法治政府建设，并延续至今。评估结果一再证明，浙江政务公开确实存在短板，部分地方和部门对政务公开工作的重视程度亟待提升。如2017年，项目组仅以被评估对象是否按时发布政府信息公开工作年度报告为例进行测评。结果显示，省级各单位仅有25家（总计43家单位）按时发布政府信息公开工作年度报告。是否按时发布政府信息公开工作年度报告,自2013年评估启动之初,就是项目组评估的基本内容,但时至今日仍有不少部门未按时发布,这种制度与实践"空转"情况值得深切反思。

2. 评估主要方式

确定法治政府建设指标体系基本框架后,依据可信性、可靠性、可用性原则,进一步可细化、充实各子项指标,以形成系统的指标架构。在此基础上,项目组强调互动性,并采用德尔菲法对指标进行权重分配,然后结合均分法、加权求和法等,最终形成系统的法治政府建设指标体系。

第一,创新评估方式,强化与被评估对象互动。评估设计和研究设计以及数据调查中的各种方式方法与评估过程之间具有紧密的关系。为弥补各种单一的方法和工具的不足,以及尽可能明确地获取评估数据,项目组创新数据获取方式,采用征询函形式,主动加强与被评估对象的互动。

既有的法治政府建设各类评估体系,地方政府设计并付诸实践的指标体系数据主要来源于政府内部,独立第三方开展的评估数据主要来源于政府外部,其数据等信息获取各有侧重,在准确性、全面性等方面可能存在缺失。"评估的质量很大程度上取决于是否能准确提供可以用来回答评估问题的信息。"[1] 为相对全面掌握被评估对象的信息,对冲单一外部数据检索可能带来的信息失真(如部分被评估对象进行了某些活动却不见得以政府信息形式予以公开,或者其公开信息不见得是其真正落实的信息,可能仅是"文本信息"),2014年起,项目组采用了征询函,一对一个性化地向被评估对象了解信息,询问第三方评估所拟测评项目是否落实,要求被评估对象在规定时限内答复,并提供佐证材料。征询函草拟、发送、反馈的全过程,就

---

[1] [德]赖因哈德·施托克曼、沃尔夫冈·梅耶:《评估学》,唐以志译,人民出版社2012年版,第242页。

是双向互动过程。

被评估对象在推进法治政府建设的力度、效度等方面参差不齐，所以，征询函作为个性化互动载体，每个被评估对象收到的征询函也不尽相同，这在一定程度上杜绝各方共谋的可能性。此外，征询函也是项目组有意确保测评信息真实度的主要渠道，其获取的信息可与外部检索信息对照，以保证信息的真实性与可靠性。

这里以"各设区市政府的预决算公开指标（2016年）"为例，剖析征询函的功能。《中华人民共和国预算法》（以下简称《预算法》）第14条第1款规定："经本级人民代表大会或者本级人民代表大会常务委员会批准的预算、预算调整、决算、预算执行情况的报告及报表，应当在批准后二十日内由本级政府财政部门向社会公开……"其中，本级人民代表大会或本级人民代表大会常务委员会批准预决算的具体时间，外部很难获知。一般外部检索获取的信息往往是本级政府财政部门负责人做预决算报告的时间，但报告时间并不等于批准时间，其间或存在时间差；当然，部分地方人民代表大会门户网站或公开本级人民代表大会或本级人民代表大会常务委员会批准预决算的具体时间，但这种现象并不常见，获取的有效信息并不能覆盖全部设区市政府。因此，为有效测评各地政府财政预决算公开时间，征询函会要求各地政府提供2015年市级财政决算报告以及2016年市级财政预算报告经由本级人民代表大会或者本级人民代表大会常务委员的批准（批复）日期。当然，为避免被测评对象有意制造"数据"，征询函要求提供相关信息的同时，不会明示或暗示该数据作何用途，仅笼统表述"依据《预算法》有关规定，经本级人民代表大会或者本级人民代表大会常务委员会批准的预算、预算调整、决算、预算执行情况的报告及报表，应当在批准后由本级政府财政部门向社会公开。请贵府提供2015年市级财政决算报告以及2016年市级财政预算报告经由本级人民代表大会或者本级人民代表大会常务委员的批准（批复）日期，并附佐证材料"。由此，项目组根据各地所提供的佐证信息，具体测算其是否在规定时限内公布本地的财政预决算报告。

第二，评估权重综合量化。权重代表了某项指标在评估体系中的重要性，体现了指标对评估结果的影响程度，其设计合理与否，将会直接影响评估本身及其结果的合理性、公信力。浙江法治政府建设第三方评估指标体系中，各一级指标、二级指标的赋权，主要采用德尔菲法，经多轮意见征询，梯次确定各评估权重的具体设置。至于三级、四级等次级指标，则主要采用均分法与直接赋值法。此外，计算被评估对象最终结果时均采用加权求和法。2016年评估实践中，项目组尝试引入指标的信度与效度测评，这或对今后指标内容与权重的赋权产生一定的积极影响。

三 代结语

虽然评估是政治驱动的，但它的具体运用首先是在组织中进行的并且还涉及各种完全不同的参与群体的利益。[①] 因此，法治政府评估的最终目的并不仅仅在于得出一个冷冰冰的具体分数。作为一种以发现并推动问题解决为主导功能的评价工具，第三方评估应遵循"准备（获取数据，包括内部数据或外部数据）—作业（具体评估实践）—反馈"等基本工作流程，致力于推动各地各部门解决问题，以求实效，借此整体推进各领域法治建设，而非"一测（评）了之"，仅博各方舆论一时关注。

浙江法治政府建设第三方评估，依托独立第三方评估有效衔接体制内执行力优势，遵循基本工作流程，注重与被评估对

---

① [德] 赖因哈德·施托克曼、沃尔夫冈·梅耶：《评估学》，唐以志译，人民出版社2012年版，第335页。

象互动，兼顾问题导向与效果导向。每年评估工作结束之际，项目组都会向被评估对象一一发送年度法治政府建设（依法行政）考核评价情况函件，就前述评估各表格，详细列明评估指标设定依据、赋分规则与赋分情况等，不仅让被评估对象"知其然知其所以然"，而且以常态化指标体系与相对稳定的测评指标，基于外部督促和政府内部自上而下推动的优势互补，切实推进依法行政、加快建设法治政府。

简而言之，以浙江率先建立的"三维一体"考核评价体系为契机，全省各设区市法治政府建设第三方评估也在实践中不断探索创新，这种借助各种概念的融合与可操作化，尝试着将评估所面对的各种不同的要求结合起来的方式，既在法治思维方式、学科思维习惯和方法性的原则立法之间建起沟通的桥梁，又体现标准化与规范化的趋势，兼具科学性，同时也具有较强的复制与推广性，高质量地助推法治政府基本建成。

第二篇

实践篇

第三章　浙江政务公开第三方评估报告

为落实《国务院办公厅关于印发2016年政务公开工作要点的通知》（国办发〔2016〕19号）、《中共浙江省委办公厅、浙江省人民政府办公厅印发〈关于全面推进政务公开工作的实施意见〉的通知》（浙委办发〔2016〕48号）、《浙江省人民政府办公厅关于印发2016年浙江省政务公开工作要点的通知》（浙政发〔2016〕52号）和《浙江省人民政府办公厅关于进一步加强和改进政务公开工作的通知》（浙政办发明电〔2016〕74号）等相关政策文件的要求，推动政府信息公开工作，提升政府信息公开效果，浙江省社会科学院法治政府评估团队联合有关高校，组成项目组，对省级有关单位、设区市人民政府、县（市、区）人民政府、设区市人民政府所属部门、省属高校及省属国企2016年实施信息公开制度的情况进行了第三方评估。现在评估概况与评估结果简报如下。

一　评估概况

（一）评估原则

政务公开评估，始终坚持公众视角，满足公众信息知情权。同时，以专业设计拟定评估体系及具体指标，注重从外部观察政务信息是否依法公开、是否方便公众获取。

1. 依法评估，适当兼顾最佳性

"合法性"与"最佳性"是贯穿政务公开的两条主线。一方面，政务公开是法治政府的基本特征，"法定职责必须为""法无授权不可为"，政务信息公开必须有法可依；另一方面，还应不断提升政务公开能力，促进政府有效施政。因此，评估指标的设计应主要坚持有法可依的原则，即所有指标的设计原则上都要有法律法规规章、政府规范性文件等依据或原则性规定，以便评估效果可让被评估对象"心服口服"。同时，除依法评估之外，政务公开还涉及效能提升，如公开的公众参与度、"互联网＋政务"的渗透率等，因此，在评估指标设计中会适当引入最佳性原则，注重政务公开的效果。当然，相关涉及最佳性的指标在评估体系中比重不会太高。同时，指标设计过程中，会把涉及最佳性的指标通过"德尔菲法"等评估方法转化为具备操作性的客观指标，尽量避免肆意的主观判断。

2. 分类评估

政务公开评估项目涉及政府、政府部门、高校、省属国企4个方面90个单位。各地各部门各单位的类型不同，职能不同，其公开的权限、公开的责任、公开的方式、公开的体系也各不相同。因此，评估体系要分别针对政府、政府部门、高校、省属国企设计并进行评估。这里需要特别说明的是，由于国家层面并无国企信息公开顶层设计，因此，在依据评估原则设计省属国企的评估体系与指标时，主要以《浙江省省属企业重大信息公开暂行办法》（浙国资发〔2015〕4号）为基本遵循，从法源依据，以及可操作性而言，这更符合《浙江省人民政府办公厅关于印发2016年浙江省政务公开工作要点的通知》有关省属国企信息公开精神。

3. 重点突出

重点突出原则包括两个维度。一是在政府、政府部门、高校、省属国企4套评估体系中，要突出重点，主要着重于政府、政府部门的评估体系，兼顾高校、省属国企。二是在各评估体系具体指标设计中，亦要突出重点。各机关、高校、省属国企应公开的信息种类繁多。以行政机关为例，《浙江省人民政府办公厅关于印发2016年浙江省政务公开工作要点的通知》提出了百余项信息公开的要求，而且各类机构的职责要求不完全一样。因此，评估指标主要选择当前对推进法治政府建设、透明政府建设、满足公众信息需求，以及与国家、省重点工作部署相关等重要领域作为评估重点。

4. 指标广覆盖性

针对政府、政府部门、高校、省属国企设计的各评估体系，设计评估指标要尽可能地覆盖所有被评估对象，特别是政府部门。政府部门一般依据其"三定"方案具体负责某一领域的管理职责，即所谓的"条条"管理，因此，不同部门，其职责差异性较大；一级政府则要承担综合性管理工作，即所谓的"块块"管理，而一级政府又是由诸多政府部门集合而成。因此，特别是政府部门的评估体系设计过程中，总结、提炼的各项指标更要注重普适性，要尽可能辐射所有部门，譬如财政预决算公开等；覆盖部门少的评估指标要尽可能少列或不列，防止权重折算过程中的失真。

5. 客观评估为主

第三方评估的目的是评价各地各部门各单位落实政务公开工作的成效，为避免无谓的争执，在评估过程中主要应采用客观评估法，即将政务公开若干规定概念化与操作化，转化为客观的评估指标。如此，评估人员对评估事项仅可作"有"或"无"的判断，最大限度减少评估人员的自由裁量空间。

6. 适度引导

由于政务公开第三方评估常态化，因此，评估体系中，个别指标的设计可具有一定的前瞻性，这会在实践中示范引导评估对象努力，并有助于形成先进典型，打造一批具有全国影响的政务公开"浙江样板"。

（二）评估对象

为全面、真实、客观地摸清全省政务信息公开整体状况，进而有针对性地补齐政务公开领域"短板"，此次评估强调评估对象"全覆盖"，涵盖了省级各单位（含省属事业单位、部门管理机构等），市县两级政府，设区市政府所属部门，以及省属高校及省属企业。

具体而言，省级各单位包括省政府23家组成部门、1家省政府直属特设机构、14家省政府直属机构、3家省属事业单位、12家省政府部门管理的机构，共计53家。市县两级政府，则着重评估11家设区市政府，以及其所属的县（市、区）政府与设区市政府所属部门各1家，共计33家。经征求专家意见，此次选择评估的11家设区市所属县（市、区）政府，具体为11家设区市2015年GDP居于中位数的县（市、区）政府，以期对全省县级政府政务信息公开状况的中等水平有初步认知。至于11家设区市政府所属部门，则选择了与企业、人民群众办事密切相关以及社会关注度高的部门——国土资源局（现为自然资源和规划局）。至于省属高校与省属企业，则按要求，选择了浙江传媒学院、浙江工业大学，以及浙江省能源集团有限公司、浙江省交通投资集团有限公司。此外，在对市县两级政府进行评估时，涉及各相关领域信息公开的，还对其所属其他政府部门——如环保部门、教育部门、民政部门、住建部门等——进行了评估。

（三）评估指标

项目组对政务公开工作的评估，坚持问题导向与结果导向，以公众视角为重点，分析各被评估对象的实际公开效果，从外观观察、论证政务信息是否依法公开、是否方便公众获取。据此，本次评估内容分为主动公开、依申请公开、公开平台建设及保障监督机制等四个方面。

（四）评估方法

本次评估于2016年11月1日开始，截止时间为2016年12月31日。在此期间，对全体被评估对象通过门户网站等平台公开政府信息的情况进行观察分析，并通过拨打政府信息公开咨询电话、向相关行政机关（高校）提交信息公开申请的方式，进行实际验证。评估过程中，还对各评估对象的门户网站、信息发布情况进行了技术监测。

1. 实测法

项目组工作人员以申请者和询问者身份，请求被评估单位公开某项依法应当公开的信息，或者就某个事项作出答复。通过这一模拟实测过程，评估行政机关及其工作人员是否依法、及时、充分履行法定职责。

如在进行依申请公开验证时，项目组以个人名义于2016年11月1日起，通过EMS（邮政特快专递）方式向53家省级有关单位、11家设区市政府、11家县（市、区）政府、11家设区市国土资源局、2家省属高校和2家省属企业发出政府信息公开申请；此外，在评估期间，项目组还通过在线平台或电子邮件的方式向前述单位发出第二次政府信息公开申请。评估将各被评估对象签收EMS的时间以及电子申请抵达其系统的时间作为其收到申请的时间，并自各评估对象收到申请的第二个工作日起算，观察其是否在15个工作日内答复申请。

再如，项目组依据《国务院关于加快推进"互联网+政务服务"工作的指导意见》（国发〔2016〕55号），借助"浙江统一政务咨询投诉举报平台"中"我要咨询"栏目，通过模拟办事等方式，了解统一政务咨询投诉举报平台在各地各部门的实际运作情况。

2. 网络检索测评法

政府网站是信息公开的第一平台，因此，行政机关的各项信息，特别是主动公开的信息，都应本着应上网尽上网的要求，在其门户网站留存、备查，而这也是网络检索测评法赖以存在的数据基础。网络检索测评法，就是从被评估对象的门户网站检索评估所必需的基础材料（如财政信息、"双随机"抽查信息、行政规范性文件征求公众意见情况等）。

3. 德尔菲法

德尔菲法（Delphi Method），又称作专家咨询赋值法。该方法是在系统程序的基础上，召集相关领域多位专家，在保证各位专家之间不发生相互联系、讨论的基础上，通过多轮次调查专家对问卷（问题）的看法，经过反复、多次的征询、修改，最终取得专家之间较为一致的征询结果。它最初的创设，是为了避免集体讨论中出席屈从权威或盲从多数意见的状况，其实质是"利用专家集体的知识和经验，对那些带有很大模糊性、比较复杂且无法直接进行定量分析的问题，通过选择一批专家多次填写征询意见表的调查形式，取得测定结论的方法"。

此次评估，主要在保障监督机制方面运用德尔菲法。借助各地各部门公开的年度政府信息公开报告，以及推进政务公开方面相关制度建设，由专家论证并最终确定各地各部门在政务公开保障监督机制方面的分数。

项目组此次评估，与国务院办公厅政府信息与政务公开办公室采取"内部报材料"方式测评各地各部门保障监督机制建设情况的方法不同，主要基于如下考虑：一是避免"材料政绩"，无谓增加评估对象负担，而且可以更真实反映各地各部门的实际状况；二是2014年7月印发的《浙江省人民政府办公厅关于加强和规范政府信息公开情况统计报送工作的通知》（浙政办发〔2014〕90号）强调"各地、各部门要高度重视政府信息公开统计工作，将其作为编制政府信息公开年度报告、总结和推进政府信息公开工作的重要内容,认真组织实施"。同时,该通知的附件"政府信息公开情况统计表"即有"机构建设和保障经费情况"等保障监督机制的指标,这为外部观察测评各地各部门保障监督机制搭建了制度框架;三是保障监督机制本身就是主动公开内容。政务公开保障监督机制往往涉及制度建设,各地各部门一般在《中华人民共和国政府信息公开条例》(以下简称《政府信息公开条例》)原则性规定下,出台各自的配套制度予以保障本单位政务信息公开,而这些作为各单位的"规范性文件"或"相关政策"本身即是应重点主动公开的信息。基于前述三点考虑,项目组对90家评估对象的保障监督机制采用外部观察与德尔菲法相结合的方法予以测评。

二 评估得分情况

(一) 53家省级有关单位测评得分

排名前十位的单位依次是省国土资源厅、省财政厅、省环保厅、省海洋与渔业局、省公安厅、省卫生计生委、省工商局、省测绘与地理信息局、省建设厅与省地税局。得分区间在78.43—69.53分之间。其中,53家省级单位平均得分为53.17分。剔除省海港委、省金融办、省公路管理局等三家无门户网站的评估对象,其他50家设有各自门户网站的省级单位平均得分为56.16分;剔除省政府部门管理的12家机构与3家省属事业单位,其他23家省政府组成部门、1家省政府直属特设机构、14家省政府直属机构,合计38家省级单位,其平均得分为61.48分;此外,23家省政府组成部门平均得分为62.24分,14家省政府直属机构平均得分为60.59分,12家省政府部门管理的机构平均得分为36.77分。

(二) 11家设区市政府测评得分

排名依次为宁波市、金华市、衢州市、杭州市、绍兴市、台州市、丽水市、舟山市、湖州市、温州市、嘉兴市。11家设区市政府得分区间为82.23—58.35分。其中，11家设区市政府平均得分为69.31分。

（三）11家县（市、区）政府测评得分

排名依次为宁波市海曙区、台州市玉环县、丽水市遂昌县、温州市苍南县、嘉兴市南湖区、绍兴市越城区、杭州市富阳区、舟山市岱山县、湖州市德清县、金华市婺城区、衢州市衢江区。11家县（市、区）政府得分区间为63.30—42.93分。其中，11家县（市、区）政府平均得分为50.46分。

（四）11家设区市国土资源局测评得分

排名依次为宁波市国土资源局、台州市国土资源局、温州市国土资源局、杭州市国土资源局、湖州市国土资源局、衢州市国土资源局、丽水市国土资源局、舟山市国土资源局、嘉兴市国土资源局、绍兴市国土资源局、金华市国土资源局。11家设区市国土资源局得分区间为73.42—51.17分。其中，11家设区市国土资源局平均得分为58.08分。

（五）省属高校与省属企业测评得分

浙江工业大学、浙江传媒学院分别得分为66分与33.60分；浙江省交通投资集团有限公司与浙江省能源集团有限公司，依据《浙江省省属企业重大信息公开暂行办法》测评，分别得分为80.5分与58.5分。

这里需要说明的是：结合省级有关单位与设区市政府的政府信息公开测评结果，剔除部分单位异常值后，其平均得分为65.06分，这与国务院办公厅政府信息与政务公开办公室在2016年委托中国社会科学院法学所所进行的"2015年政府信息公开第三方评估"中浙江的得分相接近，这说明浙江政务公开

工作仍任重道远。

三　浙江省各地各部门在信息公开方面取得的成就

评估发现，2016年，省政府办公厅注重系统谋划、突出重点，加强对全省范围内政务公开工作的指导、协调、推进，先后制发《2016年浙江省政务公开工作要点》、《关于全面推进政务公开工作的实施意见》和《关于进一步加强和改进政务公开工作的通知》等文件，努力搭建起浙江全面推进政务公开工作的主体框架。各地各部门认真贯彻落实，围绕省委、省政府重大决策部署和群众关注事项，加大信息发布、政策解读和政务舆情回应力度，注重公开效果，取得明显进步。

（一）重点领域信息公开取得显著成效

《2016年浙江省政务公开工作要点》和《关于进一步加强和改进政务公开工作的通知》等文件反复强调，要加强财政信息及涉及权力运行的权力清单、行政处罚结果信息的公开。这些重点领域的政府信息关系到政府依法行政和人民群众切身利益，逐步扩大其主动公开的范围、提升公开效果，意义十分重大。本次评估发现，在不断要求和督促下，2016年，各级政府及政府部门在重点领域的政府信息公开工作方面成效显著。

1. 权力清单适时动态调整

2016年2月，国务院印发《关于第二批取消152项中央指定地方实施行政审批事项的决定》（国发〔2016〕9号）。该决定涉及省公安厅、省财政厅等30家省级单位100余项权力，以及市、县级人民政府各1项权力。浙江各地各部门牢固树立法治意识，坚持依法行政，做好衔接工作。其中，21家省级单位在其门户网站和浙江政务服务网"权力清单"事项中及时调整取消并予以公布；11家设区市政府、11家县（市、区）政府对由本级政府实施的"占用城市道路作为集贸市场审批"均在其门户网站和浙江政务服务网"权力清单"事项中予以调整取消并公布。

2. 财政信息公开推进有力

财政乃庶政之母。项目组对各行政机关公开本单位2015年决算、2016年预算及"三公"经费预决算的情况进行了评估。省级各单位中，除省文物局预决算纳入文化厅集中编制、省教育考试院预决算纳入省教育厅集中编制、省移民办预决算纳入省民政厅集中编制、省公务员局纳入省人社厅集中编制、省港航局与省道路管理局纳入省交通厅集中编制之外，项目组在各单位的门户网站中查询到32家单位在其门户网站开设"预决算公开"专栏、42家单位2016年本单位的预算及说明（包括"三公"经费预算情况说明）、41家单位2015年本单位的决算及说明（包括"三公"经费决算情况说明）。市县政府中，11个设区市政府及所辖县（市、区）政府，均在其门户网站开设"预决算公开"专栏，普遍公开了本地政府的2015年决算报告及报表、2016年预算报告及报表，以及本级政府财政拨款的"三公"经费预决算总额和分项数额。11家设区市国土资源局也普遍在门户网站开设"预决算公开"专栏，公开本部门的2016年预算及说明（包括"三公"经费预算情况说明）、2015年决算及说明（包括"三公"经费决算情况说明）。此外，宁波、嘉兴、绍兴、金华、衢州、舟山、丽水等市均及时公开了本地区的行政事业性收费、政府性基金以及涉企经营服务收费目录清单，推进了减税降费信息公开，主动接受社会监督。同时，评估也发现，11个设区市政府住房公积金管理中心均依据《住房公积金条例》，以及《关于健全住房公积金信息披露制度的通知》（建金〔2015〕26号），在每年3月31日前定期公开本地区上一年度住房公积金年度报告。

3. 民生领域政府信息公开透明度较高

发展要以人民为中心，政务公开也当以推进民生事业的发展为目的。本次评估发现，浙江市县两级政府在推进社会救助、环保信息、教育、食品安全监管信息等重点民生领域信息公开取得显著成效。社会救助信息公开方面，杭州、宁波、湖州、金华、衢州、台州6家设区市政府，杭州市富阳区、宁波市海曙区、嘉兴市南湖区、绍兴市越城区、舟山市岱山县、丽水市遂昌县6家县（市、区）政府，均在当地政府网站或民政局网站细化公开了社会救助信息，提高了城乡低保、特困人员供养、医疗救助与临时救助等信息的公开率。环保信息公开方面，11个设区市政府均做到按季度向社会公开饮用水水源、供水厂出水、用户水龙头水质等饮水安全状况；其中，饮用水水源水质，所有设区市政府均在其环保局网站按月公开，留存相关历史数据供公众查询与监督；嘉兴水务集团则在实践中强化了便民导向，在门户网站设"水质公告"栏目，按月统一集中公开本地区饮用水水源、供水厂出水、用户水龙头水质等饮水安全状况。此外，杭州、宁波、温州、湖州、嘉兴、绍兴、金华、舟山8家设区市政府均严格依据《企业事业单位环境信息公开办法》，在2016年3月31日前确定并公开本行政区域内重点排污单位名录。义务教育信息公开方面，10家县（市、区）政府公开了该年度义务教育学区划分、入学资格、报名材料、报名时间、咨询电话等，接受社会监督。食品安全监管信息公开方面，11家设区市政府均依据《浙江省实施〈中华人民共和国食品安全法〉办法》第31条规定，公布了允许食品生产加工小作坊生产加工的食品目录；同时，杭州、宁波、温州、湖州、舟山、台州6家设区市依据《食品药品监管总局关于做好食品安全抽检及信息发布工作的意见》（食药监食监三〔2015〕64号），月度公布食品安全抽检信息，确保"舌尖上的安全"。此外，保障性住房、产品质量、旅游市场、知识产权、安全生产等与民生密切相关的重点监管领域，作为行业主管部门的省建设厅、省质监局、省旅游局、省科技厅、省安监局等均公开了监管执法信息。

（二）行政规范性文件公开规范有效

行政规范性文件俗称"红头文件"，是各级政府机关执行法律法规、进行管理过程中下发的、对人民群众权益产生一定影响，但效力等级低于规章的文件的总称。公开这些规范性文件是《政府信息公开条例》明确要求的。评估发现，48家省级单位、11家设区市政府、11家县（市、区）政府、11家设区市国土资源局均在其门户网站设置了规范性文件栏目，集中发布本单位制定的行政规范性文件，公众可以通过网站直接查询、下载。此外，为了防止"红头文件"的规定违法，进而侵害人民群众的合法权益，近年来，各地各部门加强了对规范性文件的清理力度，每2年定期公布本单位继续有效、废止和失效的规范性文件目录。本次评估发现，45家省级单位、11家设区市政府、9家县（市、区）政府均在其门户网站公开了规范性文件定期清理结果，其中，杭州、宁波、绍兴、金华等设区市还公开了经过备案审查的规范性文件目录。

规范性文件是否有效关系到人民群众的切身利益。标注规范性文件是否有效是体现规范性文件公开水平的重要指标。评估发现，22家省级单位在其门户网站对所制定的规范性文件标注有效性，7家设区市政府与3家县（市、区）政府在其门户网站对本地以政府或政府办公厅（室）名义印发的规范性文件标注了有效性，衢州市国土资源局则对本单位印发的规范性文件进行了标注。其中，杭州市在政府法制办门户网站提供了规范性文件数据库，集中全市市本级、市政府部门、县（区）政府制定的规范性文件，并标注了有效、失效、废止等属性。

(三) 注重政策主动解读

政策解读是行政机关正面、主动阐释政策出台背景、依据、具体管理思路等的重要手段，有助于人民群众全面、准确地理解相关决策的内涵，有效维护自身的合法权益。本次评估发现，不少行政机关十分重视政策解读工作。50家省级单位中，有33家单位在门户网站设置专门的政策解读栏目。此外，6家设区市国土资源局在其门户网站也开设政策解读栏目。地方政府方面，设区市政府均在门户网站开设政策解读栏目，6家县（市、区）政府也在门户网站开设政策解读栏目。

除开设政策解读专栏之外，各地各部门主要负责人也高度重视政策解读工作，以参加新闻发布会、接受访谈、媒体刊文等方式带头宣讲政策，传递权威信息。50家省级单位中，有34家单位主要负责人年内以各种方式解读重要政策至少1次。11家设区市国土资源局中，有9家设区市国土资源局主要负责人年内进行过政策解读工作。地方政府中，有10家设区市政府主要负责人、6家县（市、区）政府主要负责人，以报纸刊文、接受专访、出席新闻发布会等形式，权威解读本地政府出台的涉及面广、社会关注度高的重大措施与施政方针。

(四) 及时回应社会关切

积极主动回应社会关切问题，做好政务舆情回应，消除人民群众各种疑惑，是新形势下做好信息公开工作、掌握舆论主导权和话语权、维护社会稳定的重要举措。《国务院办公厅关于进一步加强政府信息公开回应社会关切提升政府公信力的意见》（国办发〔2013〕100号）、《国务院办公厅关于在政务公开工作中进一步做好政务舆情回应的通知》（国办发〔2016〕61号）、《浙江省人民政府办公厅关于进一步加强政府信息公开回应社会关切提升政府公信力的实施意见》（浙政办发〔2013〕150号）

等文件为此专门对行政机关主动回应社会关切问题提出了要求。本次评估对各行政机关2016年回应社会关切的情况作了摸底。

1. 门户网站纷纷开设互动栏目回应社会关切

项目组发现，浙江各地各部门较为重视对社会关切问题的主动回应，44家省级单位、11家设区市与县（市、区）政府、11家设区市国土资源局均在其门户网站开设了互动栏目，积极回应社会关切。同时，评估对象中目前已有36家省级单位、11家设区市与县（市、区）政府、3家设区市国土资源局的门户网站已在首页与"浙江统一政务咨询投诉举报平台"建立有效链接，这是"互联网＋政务"运用的生动实践，有助于依托统一政务咨询投诉举报平台形成的大数据，定期梳理、分析和研判群众反映的社情民意、社会动态以及对政府管理和服务提出的意见、建议，为科学决策与舆情回应提供参考依据。

2. 回应率高、回应意识较强

作为公众最为关注的信息，热点信息的回应率很大程度上反映了政府信息公开的回应程度如何。项目组从2016年1月3日到12月25日的新浪新闻"每周新闻排行Top10"的520条热点新闻中，筛选出需要被评估浙江各地各部门进行回应的9条热点新闻。评估发现，被评估对象对热点新闻的回应率较高，回应意识在不断增强。在9条需要回应的新浪热点新闻中，有8条得到回应，回应率高达88.89%。其中，涉及省级有关单位的2条热点新闻，均得到回应，回应率为100%；涉及地方政府的7条热点新闻，有6条得到回应，回应率为85.71%。

此外，通过对"浙江统一政务咨询投诉举报平台"中"我要咨询"栏目模拟实测，项目组也发现，2016年不少行政机关面对咨询问题能够主动、及时地作出回应。除省海港委、省供销社等9个单位未在"我要咨询"栏目设平台外，有50%的省级单位、55%的设区市政府、64%的设区市国土资源局能够在规定时限内答复咨询人，解疑释惑。

（五）信息公开平台建设整体较为规范

对政府信息公开平台的测评主要是考察各行政机关在门户网站设置政府信息公开专栏及其基本要素的情况，政府信息公开目录配置情况，信息发布协同性情况，政务新媒体建设情况，对地方政府还考察了其政府公报的发布情况。评估发现，各级各类行政机关在信息公开平台建设方面成效显著。

1. 政府信息公开栏目及要素配置较为齐全

设置政府信息公开栏目并配置公开依据、政府信息公开目录、政府信息公开指南、依申请公开、政府信息公开工作年度报告等要素，有助于集中发布政府信息，方便公众查询信息。评估发现，绝大多数行政机关在其门户网站上设置了专门的政府信息公开栏目或开设了政府信息公开专网，集中发布政府信息。

50家开设门户网站的省级单位，有49家设置了政府信息公开栏目；在设置此栏目的49家单位中，有24家的政府信息公开栏目配置了公开依据、政府信息公开目录、政府信息公开指南、依申请公开、政府信息公开工作年度报告等全部栏目。11家设区市政府与11家县（市、区）政府的门户网站设置了政府信息公开栏目，其中，10家设区市政府与8家县（市、区）政府门户网站的政府信息公开栏目设置了包括公开依据、政府信息公开目录、政府信息公开指南、依申请公开、政府信息公开工作年度报告等在内的全部子栏目。此外，10家设区市国土资源局也在其门户网站开设政府信息公开栏目，其中，10家设区市国土资源局门户网站的政府信息公开栏目也配置了公开依据、政府信息公开目录、政府信息公开指南、依申请公开、政府信息公开工作年度报告等全部栏目。

2. 政府信息公开目录查询便利

政府信息公开目录是按照制定部门、标题、关键词、所涉及的事项、内容概述、生成时间等要素，对政府信息进行编辑和归类，以规范政府机关的信息管理活动。因此，有必要对政府信息公开目录进行合理分类，并提供目录检索功能，方便公众在浩瀚的政府信息中获取自己需要的内容。目录分类方面，评估发现，绝大多数评估对象都对目录进行了分类，37家省级单位、11家设区市与11家县（市、区）政府、11家设区市国土资源局按照主题、题材、机构、文种等对政府信息公开目录进行了一定的分类。目录检索方面，为方便公众查询，27家省级单位、8家设区市政府、7家县（市、区）政府、11家设区市国土资源局为政府信息公开目录配备了必要的检索功能，方便公众利用关键词等检索方法，在政府信息公开目录不同的子目录之间进行信息检索。其中，22家省级单位、7家设区市政府、6家县（市、区）政府、11家设区市国土资源局的目录检索功能验证有效。目录信息全面性方面，《国务院办公厅关于做好施行〈中华人民共和国政府信息公开条例〉准备工作的通知》（国办发〔2007〕54号）要求，凡属于应对公开的必须按规定纳入公开目录。为此，评估选取了评估对象门户网站的公文类信息，与目录中发布的信息比对后发现，所有评估对象发布的公文均纳入目录。

3. 门户网站协同联动性强

政府网站是政府信息公开的第一平台。《国务院办公厅关于加强政府网站信息内容建设的意见》（国办发〔2014〕57号）及《浙江省人民政府办公厅关于2016年第二次全省政府网站抽查情况的通报》明确要求各级网站之间协调联动，"由中国政府网、省政府门户网站等政府主要门户网站发布的对全局工作有指导意义、需要社会广泛知晓的政策信息，省级部门和地方各级政府门户网站应在24小时内转载；涉及某个行业或地区的政策信息，有关部门和地方网站要及时转载；需要全省广泛参与的网上调查，省级部门和地方各级政府门户网站应及时做好链接"。评估发现，50家开设门户网站的省级单位中，39家单位在其门户网站开设专题分别转载国务院与省政府信息，其中，38家单位均在24小时以内予以转载；10家设区市与10家县（市、区）政府在其门户网站也开设专题，并在24小时内分别转载国务院与省政府信息。此外，项目组以"征集2017年省政府为民办实事项目"此一网上调查为样本，测评各地各部门及时做好链接情况，发现，50家开设门户网站的省级单位中，50家单位在其门户网站做好链接推送调查；11家设区市政府、9家县（市、区）政府、2家设区市国土资源局均在其门户网站做好链接推送调查。

4. 信息公开渠道多元化

政府信息公开有政府网站、政府公报、政务新媒体等多种渠道。政府网站是政府信息公开的第一平台，其他渠道也各具特点和优势，可以适应不同情况的公开要求、满足不同群体的需求。从评估情况看，各级各类行政机关的信息公开渠道呈现出多元化的特点。

首先，门户网站已经成为各级各类行政机关公开政府信息的第一平台。本次评估发现，除省海港委、省金融办、省公路管理局之外，所有被评估的省级单位、地方政府、设区市国土资源局都建有门户网站，并集中发布本级行政机关的各类信息。

其次，政府公报在公开重大政策方面依然发挥重要作用。政府公报是公开重大决策最权威、最正式的渠道之一。随着信息化的发展，各地方普遍在门户网站公开政府公报网络版，以方便公众通过门户网站查阅。本次评估发现，11家设区市政府中，仅有2家未在门户网站设置政府公报专栏并提供网络版电子公报；此外，杭州、宁波、温州、绍兴等4家设区市政府还在门户网站或公报栏目中提供检索功能，便于公众快速查询。

最后，政务新媒体成为政府信息发布的新渠道。随着信息化及移动通信技术的发展，微博、微信等新媒体的普及率提升，越来越多的人习惯于通过移动通信设备获取信息。为此，各级各类行政机关积极配合信息传播需要，纷纷开通微博、微信。截至2016年12月31日，有32家省级单位、11家设区市与11家县（市、区）政府、11家设区市国土资源局开通政务微博（未统计以行政机关内设机构名义认证的微博账号）；有40家省级单位、11家设区市与11家县（市、区）政府、6家设区市国土资源局开通了政务微信（未统计以行政机关内设机构名义认证的微信账号）。在过去一段时间，有些党政机关开通微博、微信后，更多的是发布一些与自身工作无关的信息或者主要转载其他机关的信息，其微平台在发布本单位信息方面做得不到位。本次评估发现，被评估对象普遍表现较好。在开通微博的单位中，有31家省级单位、11家设区市政府、9家县（市、区）政府、11家设区市国土资源局发布的主要是本单位的业务信息；在开通微信的单位中，有39家省级单位、11家设区市与县（市、区）政府、6家设区市国土资源局发布的主要是本单位业务信息。此外，有些单位还研发并开通了政务客户端，公众在手机、平板电脑等移动通信设备上安装相关APP软件后便可以实时接收该单位推送的信息。截至2016年12月31日，共有9家省级单位、3家设区市政府开通政务客户端。从评估情况看，上述微平台都能做到适时发布本单位的政府信息或提供业务咨询，活跃度较高。

（六）政府信息公开工作年度报告规范化程度不断提升

政府信息公开工作年度报告是政府机关对上一年度本机关政府信息公开工作的总结，按照《政府信息公开条例》规定，上一年的年度报告应于当年3月31日前对社会发布，接受社会的检验和监督。同时，《政府信息公开条例》第32条也明确规定了政府信息公开工作年度报告所应当包括的五项主要内容。项目组按照《政府信息公开条例》的有关规定，评估了年度报告的发布情况、年度报告内容是否全面以及年度报告是否具有新颖性。

评估结果显示，50家开通门户网站的省级单位中，有40家单位在2016年3月31日前按时发布2015年年度报告，尚有4家在4月1日之后公开本单位的政府信息公开工作年度报告；11家设区市政府与所属国土资源局全部做到了按时发布，10家县（市、区）政府按时发布了本地区的政府信息公开年度工作报告。公开年度工作报告的44家省级单位、11家设区市政府与所属国土资源局、10家县（市、区）政府，分别有25家、11家、9家、10家单位按照《政府信息公开条例》第32条的规定，详细列明了主动公开政府信息、依申请公开政府信息和不予公开政府信息、政府信息公开的收费及减免、因政府信息公开申请行政复议或提起行政诉讼的情况，指出了本级政府在信息公开方面存在的主要问题，并明确提出了改进措施和努力方向。

年度报告评估结果显示，不少行政机关的年度报告不仅内容翔实新颖，形式上也有不同程度的创新。如浙江省统计局、杭州市政府、宁波市政府等单位在年度报告中加入了详细的图表，增强了年度报告的可视性。

（七）政府信息公开申请渠道较为畅通

依申请公开制度是政府信息公开制度的核心。深入做好依申请公开工作，向有特定需求的公众公开政府信息，有助于保障公众的知情权。本次评估，如前所述，主要是验证邮寄申请和网络在线申请两种渠道的畅通性。

经过验证，实际发出申请的52家省级单位，有36家单位的邮寄申请和在线申请均在法定期限内作出回复；11家设区市政府，除杭州、温州存在其中一份申请答复超过法定期限或者未答复的情形外，其余9家设区市政府的邮寄申请和在线申请均在法定期限内答复；11家县（区）政府，除苍南县、德清县、南湖区、玉环县4个县（区）政府存在其中一份申请答复超过法定期限或者未答复的情形外，其余均在法定期限内予以答复；至于11家设区市国土资源局，除温州、绍兴、舟山、丽水等4市国土资源局存在其中一份申请答复超过法定期限或者未答复的情形外，其余7市国土资源局均在法定期限内予以答复。

这里需要特别说明的是，绝大多数被评估对象工作人员服务意识强，能够与实测员主动进行一次以上的电话沟通。同时，电话联络中，工作人员总体上都能够耐心、详细地进行解释、说明和询问，即使一次电话无法立即解决问题，但也能够在后期通过本人或他人的再次电话沟通尽量解决。这对于申请过程而言，无疑增加了申请人和行政机关双方的信任和互通，有利于减少不必要的误解与摩擦。

（八）强化组织领导，重视制度建设

从门户网站外部观察与分析各地政府工作报告、各被评估对象的政府信息公开工作年度报告等看，2016年有31家省级单位、10家设区市政府、5家县（市、区）政府、4家设区市国土资源局明确了1位负责人分管政务公开工作并对外公布，其中台州市政府主要负责人亲自分管政务公开工作；有8家设区市政府明确政务公开专职机构；8家设区市政府与8家县（市、区）政府主要负责人在该地2016年政府工作报告中总结或部署过政务公开工作。

各地各部门普遍重视政府信息公开工作，强调政务公开顶层设计落细落实，强化制度建设，让政府信息公开更加高效实用。依据《2016年浙江省政务公开工作要点》要求，37家省级单位、11家设区市政府、4家县（市、区）政府、3家设区市国土资源局均结合实际，制定政务公开具体实施方案或工作措施并在各自门户网站公开。其中，8家设区市政府在《2016年浙江省政务公开工作要点》公布后30个工作日内即完成本地政务公开具体实施方案的公开工作。

按照《浙江省人民政府办公厅关于进一步加强和改进政务公开工作的通知》要求，负有重点领域信息公开牵头责任的23家省级单位，16家公开了各自负责领域信息公开实施方案；还有12家省级单位依据该通知完善了依申请公开制度建设，加强了依申请公开的受理、登记、拟办、会商、审核、答复、归档等管理。

评估还发现，各地各部门紧密联系实际，积极探索实践政务公开负面清单制度，8家设区市政府出台政务公开负面清单制度，省商务厅、省体育局也在其门户网站公开本单位的政务公开负面制度。此外，11家设区市国土资源局普遍重视依申请公开工作，基本建立健全了依申请公开促依法行政机制；其中，还有6家设区市国土资源局建立政务公开考核机制，切实强化了政务公开激励约束机制。

四 政府信息公开工作尚需解决的问题

评估中，项目组也发现，目前浙江省政府信息公开工作还面临不少问题，信息公开距离人民群众最大限度获取信息要求，距离打造法治政府、创新政府、服务型政府的要求之间还有一定的差距，需要认认真真找出短板，扎扎实实补齐短板。

（一）政府信息公开管理机制尚待完善

1. 部分地方和部门对公开工作的重视程度有待提升

到2020年，推动浙江省政务公开工作总体走在全国前列，关键在于抓落实。而抓《2016年浙江省政务公开工作要点》落实的工作实践，综合体现各级各部门对政务公开工作的重视程度与执行力。《2016年浙江省政务公开工作要点》明确要求"各地、各部门要结合实际，制定具体实施方案或工作措施，并在本要点公布后30个工作日内在本地、本部门政府网站公开"。但公开资料显示，仅有8家设区市政府、13家省级单位在该要点公布后的30个工作日内在本地、本部门政府网站公开。"窥豹一斑",这说明一些部门和地方对政务公开工作重视不够,意识不强,理解不深,政务公开工作"说起来重要,干起来次要,忙起来不要"。评估还发现,省级单位中,尚有省海港委、省金融办、省公路管理局等3家单位尚未开通门户网站。这与目前"互联网+政务"大趋势相背离。

2. 机构建设还无法适应政府信息公开新形势

政府信息公开工作是一项专业性较强的工作。要做好政府信息公开工作,不但要处理好公开与不公开的关系,还要处理好何时公开、对谁公开、如何公开等问题。许多事项的公开需要从法律、管理、传播等角度综合加以考量,既要合法,又要符合管理的需要,还要符合传播的规律,因此,必须有专门机构和专门人员负责政府信息公开工作。

据公开资料显示,浙江省政府信息公开机构建设还没完全到位,制约了不少行政机关政府信息公开工作的推进。目前,绝大多数行政机关没有专门的机构和人员负责政府信息公开工作。不少行政机关的政府信息公开工作机构都是议事协调性的虚设机构(往往设在办公室),无编制、无固定人员,只是由一些工作人员兼职,或者临时抽调其他部门人员帮忙,一旦遇到复杂的政府信息公开问题,尤其是依申请公开工作方面,难以保证工作的专业性和准确性。截至2016年12月31日,除8家设区市政府明确了政务公开专职机构,仅有5家省级单位、4家县(市、区)政府、4家设区市国土资源局设立了专门的信息公开工作机构。其他各级各类行政机关往往还只能做到个别工作人员身兼多职,兼顾处理政府信息公开工作,或者临时从其他部门抽调人员来处理相关事务,公开工作的连续性、专业性难以保证。

3. 多头管理制约政府信息公开效果

政府信息公开工作的多头管理问题由来已久,目前,省政府办公厅层面已经对政府信息公开、政府公报、政府网站等职能进行了整合，公开效果显著提升。但省级各单位、设区市国土资源局乃至基层地方政府层面，多头管理的问题仍比较突出。在一些行政机关，政府信息公开的工作由办公厅（室）负责，门户网站则由信息中心管理，热点回应归口为专门的舆情监测部门。有的行政机关甚至建有多个微平台，且分属不同的部门管理。多头管理、各自为政，非但没有提升政府信息公开的效果，往往还会导致信息公开的内耗，对外公开的信息口径不一、前后矛盾，使政府的公信力受到影响。

4. 县（市、区）政府信息公开水平亟待提升

县级政府在我国政权体系中具有十分重要的地位，是国家法律法规和政策的重要执行者。实际工作中，直接涉及人民群众具体利益的行政行为大多数由县级政府作出，直接面向群众的政务服务大多数由县级政府提供，县级政府能否切实做好政务公开和政务服务工作，很大程度上决定着政府政务公开和政务服务的整体水平。评估发现，县（市、区）政府及其所属部门的公开水平还有待提升，部分县（市、区）政府的网站兼容性存在问题，与浙江政务服务网相关栏目缺乏有效链接。本次评估涉及县（市、区）政府的住建部门、民政部门、市场监管部门、发展改革部门、财政部门等，有的部门门户网站建设水平不高，有的部门还没有开设网站，有的部门信息公开栏目设置不到位，有的部门信息公开指南不齐全、不规范，有的部门信息公开更新慢。这说明政务公开的重点与难点仍在基层。

（二）主动公开的水平尚待提升

1. 一些重点领域信息公开的要求仍然落实不到位

评估发现，尽管省政府办公厅聚焦公开着力点，加大了重点领域信息公开力度，推进精细化公开，但一些重点领域信息公开的要求仍然落实不到位。涉及权力运行的随机抽查事项公开方面，仅有22家省级单位依据《浙江省人民政府办公厅关于全面推行"双随机"抽查监管的意见》（浙政办发〔2016〕93号）在门户网站公开本系统的随机抽查事项清单。行政处罚信息公开方面，浙江政务服务网"行政处罚结果信息"栏目利用率偏低，仅有19家省级单位在其平台上主动公开行政处罚结果信息，这与《浙江省行政处罚结果信息网上公开暂行办法》强调"县级以上人民政府政务服务网是本级行政执法机关在互联网上公开行政处罚结果信息的统一平台"的定位不符。此外，在已经公开的行政处罚结果的18家单位中，评估发现，行政处罚结果信息公开仍存在不少瑕疵。一是"超期"公开。《浙江省行政处罚结果信息网上公开暂行办法》第8条规定，"行政执法机关应当在作出或者变更行政处罚决定之日起20个工作日内，在互联网上公开行政处罚结果信息"。但评估发现，部分单位行政处罚结果在作出或者变更行政处罚决定之日起20个工作日后才予以公开，如省民政厅、省司法厅、省环保厅和省文化厅等单位。二是信息不全。《浙江省行政处罚结果信息网上公开暂行办法》第6条规定，"在互联网上公开行政处罚结果信息，可以公开行政处罚决定书全文或者摘要信息。前款所称摘要信息，应当包括行政处罚决定书文号、案件名称、被处罚人姓名或者名称、法定代表人姓名、主要违法事实、行政处罚的种类和依据、行政处罚的履行方式和期限、作出行政处罚的机关名称和日期等内容"。评估发现，部分单位所公开的处罚结果信息内容上存在"折扣"，如省文化厅有行政处罚结果缺失"主要违法事实"，省测绘与地理信息局有行政处罚结果缺失"文号""法定代表人"，省道路运输管理局有行政处罚结果缺失"法定代表人""行政处罚的履行方式和期限""作出行政处罚的日期"等问题。国有企业信息公开方面，评估发现，地方政府不同程度公开了国有企业信息，但由于公开标准不明确、不具体，各地尺度不一，总体质量较差。11家设区市政府，7家在市政府或国资委门户网站开设"国资监管"专栏公开本地国企监管信息，8家公开该市国资监管企业名录，4家公开国资整体运营情况，仅有1家设区市政府公开企业国资保值增值与经营业务考核情况。11家县（市、区）政府，除苍南县公开本地国资监管企业名单，其他县（市、区）在国资监管方面公开的信息基本空白。部分等涉民生领域的重点事项方面，一是食品安全抽检信息发布仍不到位。《食品药品监管总局关于做好食品安全抽检及信息发布工作的意见》（食药监食监三〔2015〕64号）要求"蔬菜、畜禽肉类、水产品等高风险品种每月抽检"，且"各级食品药品监管部门每月初3个工作日内对社会公布上月食品抽检汇总分析情况"。根据项目组对11家设区市与11家县（市、区）市场监管部门的食品安全抽检信息发布的统计，尚有5家设区市政府，以及抽选的11家县（市、区）政府的市场监管部门未按要求按月公开食品抽检汇总分析情况。二是设区市政府义务教育阶段学校招生入学信息公开情况总体不佳。评估显示，尚有6家设区市政府教育主管部门未公开2016年当地义务教育阶段招生政策的指导性文件。三是棚户区改造信息公开仍不到位。尚有5家设区市政府未在其政府门户网站或住建部门门户网站开设专题（专栏）公开本地的棚户区改造政策，10家县（市、区）政府未在其政府门户网站或住建部门门户网站开设专题（专栏）公开本地的棚户区改造政策，多数政府公开的本地棚户区项目进展存在信息标题不一、内容详细程度差异性大、信息质量不高的问题。如有的地方未正式公布棚户区改造信息，而是以新闻报道的形式发布相关信息。如德清县住建局门户网站在"建设信息—建设动态"栏目引用了"城东棚户区改造项目（一期）安置小区顺利开工"的图片新闻报道。以新闻报道形式发布信息正式性不足，其内容也不够完整，不利于公众全面了解相关内容。

2. 政府信息公开栏目建设规范化程度有待提升

评估发现，有的行政机关门户网站的政府信息公开栏目建设还不够规范。

首先,政府信息公开栏目的要素尚不齐全。49家设置政府信息公开栏目的省级单位中,3家单位仅仅设立政府信息公开栏目"空壳",但栏目中未配置公开依据、政府信息公开目录、政府信息公开指南、依申请公开、政府信息公开工作年度报告等要素,而是用来发布机构职能、通知公告等信息;14家单位未提供政府信息公开依据;7家单位提供政府信息公开工作年度报告栏目;6家单位未配置政府信息公开目录栏目;2家单位未提供政府信息公开指南栏目;1家单位未提供依申请公开栏目;此外,省移民办门户网站虽设立信息公开专栏,但专栏"信息公开指南"与"信息公开目录"均为空白页。

其次,政府信息公开目录中信息全面性和便民性有待提升。为使公众能快速、便捷地查询、获取政府信息,《国务院办公厅秘书局关于印发政府信息公开目录系统实施指引(试行)的通知》(国办秘函〔2009〕6号)要求政府信息公开目录所列信息应包括索引、名称、内容概述、生成日期等基本内容。项目组随机对各行政机关目录信息的全面性进行了验证,结果显示省级单位目录信息普遍缺"索引"、地方政府目录信息普遍缺"内容概述"。21家省级单位目录信息未包括索引,17家省级单位目录信息未包括索引、名称、内容概述、生成日期等基本内容;所有的设区市与县(市、区)政府的目录信息均未包括内容概述此一基本内容。此外,目录信息的便民性不理想。目录信息应具备检索功能,方便公众在目录中有针对性地检索需要的信息,但评估发现,仅22家省级单位、7家设区市政府、6家县(市、区)政府、11家设区市国土资源局在门户网站上为目录配置了专门的检索功能且有效,其余单位或未配置检索功能或配置的检索功能无效。

最后,政府信息公开指南发布率较高,但部分内容的准确性较差。虽然绝大多数评估对象都发布了本机关的指南,但指南的内容欠准确。一是不少单位政府信息公开指南未能及时更新。项目组以各单位信息公开指南所列咨询联系电话的有效性予以评估判断各该单位的信息公开指南的更新情况。评估显示，18家省级单位、1家设区市政府与县（市、区）政府、3家设区市国土资源局均存在实际与指南不符，指南未及时更新的情况。二是权利救济渠道描述较粗略，存在模糊化倾向。政府信息公开指南类似于政府信息公开制度的说明书，也类似于行政审批的办事指南，不熟悉政府信息公开制度的公众可以根据其了解享有的权利、负责政府信息公开的工作机构，以及无法依法获得政府信息时寻求救济和获得帮助的渠道等。"无救济则无权利"，实际上，信息公开指南列明"无法依法获得政府信息时寻求救济和获得帮助的渠道"，有助于引入监督机制，帮助行政机关发现政府信息公开工作中存在的问题，及时进行整改。评估显示，各级各类行政机关普遍在指南中对接受举报的"上级行政机关、监察机关或者政府信息公开工作主管部门"，以及"申请行政复议或提起行政诉讼的受理单位"语焉不详，仅笼统提及"公民、法人或其他组织认为本单位未依法履行政府信息公开义务的，可以向监督部门投诉""公民、法人或其他组织也可以向监察机关或者上级政府机关举报，接受举报的机关将予以调查处理"，或者公民可以申请行政复议或提起行政诉讼，但未详细列明监督部门、监察机关或上级政府机关的名称，以及行政复议或行政诉讼的受理单位名称，难以有效满足公众的信息需求。11家设区市政府与11家县（市、区）政府信息公开指南、9家设区市国土资源局信息公开指南，普遍存在上述问题，基本未详细列明受理行政复议或行政诉讼的单位名称、联系地址与联系方式。其中，7家县（市、区）政府还未详细列明监督部门、监察机关或上级政府机关的名称、联系地址与联系方式。此外，45家公开政府信息公开指南的省级单位中，有22家单位信息公开指南未详细列明行政复议或行政诉讼的受理单位名称、联系地址与联系方式,还有6家单位错列行政复议受理单位名称。

3. 行政机关新闻发布制度尚未常态化

行政机关主要负责人通过新闻发布会直接面对媒体和公众,进行互动交流,是落实政务公开制度的重要内容,也是向社会发布各类重要信息、与人民群众进行面对面沟通的重要渠道。省政府办公厅对省级各单位召开新闻发布会的频率有最低要求,目的是引导各单位积极主动对外发声,及时向社会传递准确、权威信息。但从评估结果来看,在新闻发布方面不少行政机关还有极大的提升空间。省级各单位中,项目组通过多种渠道搜索,截至2016年12月中旬,仅有30家单位的主要负责人按照《浙江省人民政府办公厅关于进一步加强政府信息公开回应社会关切提升政府公信力的实施意见》(浙政办发〔2013〕150号),在2016年出席至少1次政府新闻办所组织的新闻发布会,但新闻发言人或相关负责人能够至少每季度出席1次的,仅有省教育厅1家。

4. 规范性文件的公开水平仍需提升

评估发现,虽然各级各类行政机关都通过门户网站等公开了规范性文件,但公开水平不高。

首先,部分规范性文件的效力难以从公开的信息中获知。各行政机关多年来制定并发布了大量的规范性文件,有的已经失效、被废止获知被新的文件取代,但从各单位发布的信息看,一些文件难以判断其效力。此外,多数行政机关在发布新文件时把旧文件撤下,这种做法值得商榷,因为一些规范性文件虽然不再有效,但对于人民群众了解相关政策的延续性,或者对于解决一些历史上有争议的问题仍然是很有用处的。

其次,地方政府仅部分对象公开了备案审查信息。规范性文件备案审查是政府法制的日常工作,对保证规范性文件及后续行政决策、执行的合法性,促进依法行政具有重要作用。为此,《国务院关于加强法治政府建设的意见》(国发〔2010〕33

号）要求加强备案审查工作，建立规范性文件备案登记、公布、情况通报和监督检查制度，备案监督机构要定期向社会公布通过备案审查的规章和规范性文件目录。评估分析了市县两级政府门户网站或政府法制机构网站发布的规范性文件备案审查结果的情况，结果显示，有7家设区市政府、10家县（市、区）政府尚未公开规范性文件备案目录。评估发现，一些政府法制机构门户网站虽开设了规范性文件备案审查的栏目公开本地的规范性文件，但从外部难以判断所公开的规范性文件是否通过备案审查，信息公开得并不全面。

5. 地方政府财政信息公开工作仍有改善空间

本次评估发现，省级各单位在财政信息的公开方面普遍较为规范，标准统一，这与省政府办公厅、财政厅的统一、明确要求密不可分，但地方政府在这方面还有较大的提升空间。各级政府基本上未对"三公"经费的增减原因作出说明。4家设区市政府、5家县（市、区）政府未依据《关于进一步推进预决算公开工作的实施意见》（浙委办发〔2016〕56号）规定，公开本级政府举措债务情况；7家设区市政府仅在2015年"三公"经费决算中公开了因公出国（境）经费、公务车购置及运行费、公务招待费各自总额费用，未细化说明因公出国（境）团组数及人数，公车购置数及保有量，国内公务接待的批次、人数等情况；有4家县（市、区）政府尚未公开2015年"三公"经费决算与2016年"三公"经费预算情况。

此外，直接面向基层群众、服务企业的县（市、区）政府在行政事业性收费、政府性基金、涉企经营服务收费目录清单公开方面普遍滞后。浙江在2016年多次更新行政事业性收费、政府性基金、涉企经营服务收费事项，但截至2016年12月30日，有7家县（市、区）政府尚未在本地政府或财政部门网站公开2016年本地行政事业性收费、政府性基金、涉企经营服务收费目录清单。

6. 政府信息公开工作年度报告发布有待规范

政府信息公开工作年度报告是总结各行政机关上一年度政府信息公开工作、接受社会监督的重要形式，也是《政府信息公开条例》规定的各行政机关的法定义务。目前来看，公开年度报告发布还有不少待规范之处。

首先，"规定工作"尚不到位。《政府信息公开条例》第32条明确规定了政府信息公开工作年度报告应当包括的五方面内容。但从评估结果看，各行政机关执行得并不到位，尚有17家单位缺乏前述"规定内容"。此外，《浙江省人民政府办公厅关于加强和规范政府信息公开情况统计报送工作的通知》要求各地各部门将《政府信息公开情况统计表》作为政府信息公开年度报告的重要内容予以落实公开，但评估显示，该项要求落实也不到位。44家公开年报的省级单位，仅有6家附带公开了《政府信息公开情况统计表》；6家县（市、区）政府、5家设区市国土资源局附带公开了《政府信息公开情况统计表》。至于设区市政府则落实较为理想，9家附带公开了《政府信息公开情况统计表》。

其次，一些行政机关的年度报告关于依申请公开情况的描述过于简单，有的甚至只用几句话概括依申请公开的工作情况。这些年度报告对依申请公开数据方面的内容既未说明是否公开，也未说明不公开的理由。

最后，个别行政机关的历年年度报告存在雷同现象。项目组通过技术手段对比各行政机关2013年至2015年三年年度报告的重复率，结果显示，重复率达到50%的有5家省级单位、4家县（市、区）政府与3家设区市国土资源局。其中，省测绘与地理信息局的查重率高达76%。

7. 地方政府系统集成与协同推进"大公开"的格局尚未真正形成

政务公开是一项系统工程，全面推进政务公开，使其推向纵深、延及全局，需要树立公开工作人人有责意识，构筑大公开格局，努力使各行政机关推进政务公开的各项措施系统集成，协同推进"政务大公开"。鉴于此，项目组以"政府部门涉企信息统一归集公示落实情况"，末端环节评估各地系统集成与协同推进"政务大公开"情况。

《国务院办公厅关于政府部门涉企信息统一归集公示工作实施方案的复函》（国办函〔2016〕74号）明确规定"省级以下人民政府负责本级注册登记企业的信息归集公示工作"。就此，市县两级政府在企业信息归集公示工作中承担主体责任。企业信息统一归集公示，涉及本行政区域内各行政机关，以及牵头的工商部门，各行政机关在依法履职过程中产生的应当公示的企业信息是否在该信息产生之日起7个工作日内归集至工商部门，由工商部门于20个工作日内（含各地区、各有关部门归集信息至工商部门的7个工作日）公示于企业名下，并及时交换至全国信用信息共享平台，实际即动态体现了本行政区域内系统集成与协同推进"政务大公开"的真实状况。具体而言，项目组就22个被评估对象（市、县两级政府），随机在政务服务网各地所公开的行政处罚案件中，选择44个在2016年11月30日之前作出的行政处罚决定（确保20工作日的宽限期，每个被评估对象选择2个案件），看各该行政处罚决定是否在"全国企业信用信息公示系统"中"行政处罚信息"栏目中予以及时体现。截至2016年12月30日，仅有嘉兴、金华、杭州市富阳区、绍兴市越城区等4家政府各完成1个行政处罚案件的统一归集公示工作。这说明浙江省系统集成、协同推进"政务大公开"的格局尚未真正形成。

此外，在落实《2016年浙江省政务公开工作要点》要求的"自2016年起各设区市政府每季度应向社会公开饮用水水源、供水厂出水、用户水龙头水质等饮水安全状况"时，各设区市政府信息公开"九龙治水"格局也从侧面反映浙江省系统集成、协同推进"政务大公开"中所存在的"短板"。评估结果显示，各设区市饮水安全状况的公开，分别由市环保局、市水务集团、市卫计委或卫生监督所（有的地方则是建设局）在各自门户网站公开，且发布渠道不规范，缺乏有效整合，增加了公众查询相关信息的负担。此方面，建议参考江苏经验，统一在环保部门网站公开饮用水水源、供水厂出水、用户水龙头水质，并标注责任机关，便于公众查询、咨询。

8. 应公开尽公开、应上网尽上网工作仍落实不到位

全面推进政务公开，要坚持以公开为常态、不公开为例外，按照"应公开尽公开、应上网尽上网"的要求发挥政府网站信息公开第一平台作用。但评估显示，各地各部门在"应公开尽公开、应上网尽上网"落细落实上仍不到位。许多领域的信息通过新闻发布会、公告栏、宣传册等渠道发布后，未同步展示在门户网站上。如杭州市富阳区新闻报道2016年该地印发了《杭州市富阳区实行政府定价的涉企经营服务收费目录清单》和《杭州市富阳区行政事业性收费目录清单》，但在区政府、区发改局及区财政局网站均未检索发现各该文件。此外，有的单位制定的用以推动或者指导某些领域信息公开的文件仍未上网。如宁波市出台的《关于做好行政规范性文件政策解读工作的通知》。

（三）部分行政机关依申请公开的说明与答复有失规范

1. 对于申请属于政府主动公开的信息，行政机关答复欠缺规范性

《浙江省人民政府办公厅关于进一步加强和改进政务公开工作的通知》对答复规范性提出一定要求，但绝大多数评估结果显示，对于申请信息属于政府主动公开的，行政机关一般予以电话口头答复，必要时以电子邮件答复或纸质答复，但前述答复均无正式的单位公章，在答复内容上也不符合答复的实体要件。首先，答复形式不规范。多数单位在电话中告知申请人申

请的信息为主动公开内容，进而告知可查找的路径。由于申请人不便记录，行政机关另发送电子邮件告知路径。这本身在便民性上值得称赞，但在形式上却欠规范。从申请人正式提出申请的角度来看，行政机关似以非正式的咨询方式告知申请人申请的信息，但并未将其视为正式申请。申请人的申请并不计入该单位当年政府信息公开决定书的统计数据中。其次，答复内容不规范。行政机关一般仅告知申请人已公开的信息链接，或将有关信息以文档形式发送给申请人。在发生补正告知情形时，多数情况是行政机关口头补正告知或发送简单的补正告知邮件，但并未准确说明发生补正告知的法律依据和条款。此外，利用申请平台系统答复的，虽然在内容上具备基本的要素，如告知申请者所适用的法律依据及条款、申请者的法律救济途径和时效以及单位落款、日期等，但由于系统原因等未知因素，此类答复并未附上单位的电子公章，进而导致此类系统答复在形式上仍不具备规范性。

2. 在线申请的畅通性仍有不足

虽然在线申请渠道已基本在各被评估对象中普及，但就畅通性而言，部分单位还存在诸多问题，这对申请人造成了申请延迟或申请障碍，主要体现在三个方面。

一是在线申请的基础条件问题。信息公开指南相当于公民申请政府信息公开最直接的申请说明书，而多数单位的政府信息公开指南多年未修订，许多申请的基础条件发生变化，但其指南却未更新并与之保持一致。如有的单位开通了在线申请平台，但在其指南中还依然规定"本单位仅受理现场申请"；有的单位明明没有在线申请平台，但可能出于指南形式完整性等未知原因，还在指南中表示本单位可在线申请；有的单位在省政府依申请公开平台上开通了申请通道，但在本单位的"依申请公开"栏目中并无该平台链接或说明；还有的单位指南规定与依申请公开栏目中有关说明、须知等规定不一致。上述情况均可能对申请人造成困惑。因此，行政机关有必要对本单位指南以及其他相关说明进行定期清理和统一更新。

二是申请过程中的技术性问题。由于申请人的电脑/浏览器、申请人使用的手机、申请平台自身系统以及其他未可知等原因，实测中遇到的网络技术性问题给申请造成了诸多不便和障碍。有实测员尝试了多个浏览器提交在线申请，但点击提交后浏览器无反应或径自回到申请的原始页面，这使得实测员无法得知申请是否提交成功，而实际在系统后台，该实测员已提交了数份同样的申请。有实测员在线申请时，手机无法获得验证码，需要尝试多次。还有实测员已成功提交，系统弹出提交成功的反馈，但行政机关却表示在系统后台未见该项申请。这些问题耗费实测员较多时间和耐心，更可想而知对于民众中网络操作不熟练的群体，他们可能无法享有在线申请带来的便利，反而将被上述网络障碍所累。

三是平台集约化建设产生的协调问题。就申请平台集约化建设而言，目前多数下级政府部门的在线申请平台均趋向于集中在上一级政府的在线申请平台上。故而，民众面向政府部门进行在线申请时，该部门所提供的申请链接一般会将其导向上一级政府的在线申请平台。如果在线申请过程中出现技术性问题，民众的第一反应往往是根据该部门网站上的信息公开指南或其他栏目版块提供的咨询电话进行电话咨询，该电话一般为该部门的信息公开受理机构的电话。然而，在线申请的技术性问题应当由负责系统运行和维护的主体进行说明和解决更为直接有效，而负责系统维护的主体往往又是上一级政府所委托的维护主体，这样就造成了信息公开义务人难以直接解决申请人在线申请的技术性问题，这时需要信息公开义务人向系统维护主体告知申请人出现的问题，也同时使申请人在解决申请过程中的技术性问题时需要拨打不同的电话，向不同的主体解释和说明其遇到的问题，甚至多次反复，中间在多方产生了较大的沟通成本。这种情况在实测中并不少见。

3. 行政机关咨询电话功能尚有待完善

综合实测情况而言，行政机关在其政府信息公开指南中提供的咨询电话一般为其对外的咨询电话，但该电话并不排他地接受信息公开申请咨询。有的是办事大厅电话，有的甚至是值班室电话，这就导致咨询电话在解答申请人信息公开咨询问题时业务不熟，无法有效解答申请人问题。这种情况下，有的单位接听人员直接告知申请人内部某部办公室电话，转至办公室咨询。而该电话可能也并不负责政府信息公开咨询事宜，故而申请人的问题依然无法有效解答。还有的咨询电话并不止一人具有接听电话的职能，但接听人员不知该转给哪位具体负责人甚至对该电话已公布在本单位信息公开指南中并不知晓。

4. 部分行政机关对信息公开申请的答复不规范

在收到答复的行政机关中，一是书面答复情况仍不容乐观，多数单位未采用或部分采用书面答复。实测结果显示，53家省级单位中，27家单位未通过书面形式（加盖公章）答复电子申请和信函申请；仅省民政厅、省农业厅等12家单位采用了书面答复形式（加盖公章）；省发改委、省审计厅、省物价局等单位仅在其中1份申请中进行了书面答复（加盖公章）。11家设区市政府中，宁波等4地完成情况良好，而杭州等6地在部分答复为书面答复的情形，舟山则对两份申请均未采用书面答复。11家县（市、区）政府中，富阳等4地完成情况良好，苍南县等3地部分书面答复，越城等4地则均未书面答复。二是答复中多数单位未告知适用法律依据及条款。41家省级单位均未在电子申请或信函申请的答复中告知答复所适用的法律依据及条款，仅省民政厅、省财政厅、省地税局、省工商局和省质监局四个单位完成情况良好。11家设区市政府中宁波、金华、衢州3家设区市政府在答复中均告知了答复所适用的法律依据及条款，其他设区市政府则存在部分告知的情形。11家县（区）政府中，富阳、海曙完成情况良好，南湖、岱山、玉环、遂昌、婺城则存在部分告知的情形，至于苍南、德清、越城、衢江则均未履行告知义务。11家设区市国土资源局，有6家在答复中未告知所适用的法律依据及条款。三是答复中告知申请者法律救济途径的尚不多见。36家省级单位、5家设区市政府、6家县（市、区）政府及6家设区市国土资源局未在电子申请或信函申请的答复中告知申请者的法律救济途径。

（四）政策解读尚需加大力度

首先，项目组发现，部分地方政府虽然设立了政策解读栏目，但大量转载国家及省相关单位的政策解读，本地文件的解读信息较为有限，甚至未进行过政策解读。

其次，政策文件的解读质量有待提升。不少行政机关发布的解读内容多来源于当地新闻媒体不同角度的报道，缺乏政府主导下的全面性解读与专家有针对性的解读。而且，多数解读只是把制定有关规范性文件的说明以及媒体报道照搬到网上，不仅形式呆板，信息量也十分有限；对一些专业性较强的政策，尚不能进行形象化、通俗化解读。

（五）部门管理机构信息公开参差不齐

评估发现，作为被评估对象的12家省政府部门管理机构，尚未充分认识到做好政务公开工作的重大意义，落实政务公开职责存在敷衍塞责现象。12家单位，虽然包括行政机关与事业单位，性质各异，但根据《政府信息公开条例》及《〈关于全面推进政务公开工作的意见〉实施细则》（国办发〔2016〕80号）规定，无论是行政机关、法律法规授权具有管理公共事务职能组织，还是公共企事业单位，均应是政务信息公开主体，须履行政务信息公开义务，全面推进决策、执行、管理、服务、结果全过程公开，以保障公众知情权、参与权、表达权和监督权。

但实际上，作为部门管理机构，多数机构在信息公开方面"规避"责任。以信息公开年度工作报告为例，12家单位中，仅有省物价局、省监狱管理局、省测绘与地理信息局、省文物局等4家单位按时于2016年3月31日前发布2015年政府信息公开年度工作报告；省港航局、省道路运输管理局等2家单位则分别在2016年10月、11月发布本单位信息公开年度工作报告；此外，尚有6家单位未曾公开过2015年信息公开年度工作报告。再者，如依申请公开方面，部门管理机构与其管理部门，往往在"谁受理"方面纠缠不清，互相推诿，申请渠道极不畅通。部门管理机构，虽是"二级局"，但同样具有行政职权或从事社会公共服务，能以自己名义独立承担法律责任，集中地行使某一方面行政管理职能或公共服务职能，而且与公众利益更切身相关。因此，在信息公开方面，部门管理机构信息公开的"一线"意识还需要继续强化，亟待转变理念与提高认识，把政务公开工作列入重要议事日程。

五 关于进一步深化公开工作的建议

《〈关于全面推进政务公开工作的意见〉实施细则》为各地各部门全面推进政务公开工作确定了路线图，制定了任务书。作为实现政治文明和法治文明的重要途径，政务公开已成为现代政府治理必不可少的手段，是体现治理能力和治理体系现代化的重要方面，也是简政放权、优化监管手段、构建诚信的经济社会环境、激发社会创新活力的重要路径。结合2016年第三方评估中发现的问题，今后进一步落实公开要求、提升公开效果还需要从如下五个方面入手。

（一）树立公开工作人人有责的意识，调动全机关积极性

全面推进政府信息公开工作必然要求树立公开工作人人有

责的意识。政府信息公开工作并不是各级各类政府机关信息公开主管机构或工作机构一家的事情。政府信息公开主管机构虽然负责政府信息公开协调、指导、监督工作，但绝大多数政府信息由其他业务单位制作或获取，无论是主动公开还是依申请公开，在确定公开属性时，业务单位更熟悉情况，因此在具体机制上，还要加大对各业务单位工作成效的考核督查力度。公开工作做得是否有成效，不仅要监督和问责政府信息公开主管机构或工作机构，还需要监督和问责相关的业务单位。必须调动各业务单位的积极性和主动性，做好政府信息的源头管理，扭转政府信息公开主管机构或工作机构"孤军奋战"的局面。

（二）将公开工作有机融入法治政府建设，以公开促规范

中央全面深化改革领导小组第二十次会议指出，政务公开是建设法治政府的一项重要制度。因此，要善于运用法治思维与法治方式推进政务公开工作，形成政务公开与法治政府同步研究、同步部署、同步推进，统筹建设。一方面，严格按照《〈关于全面推进政务公开工作的意见〉实施细则》与《关于全面推进政务公开工作的实施意见》的要求，建立健全政务公开制度，对不适应形势要求的规定及时予以清理调整，注重将政务公开实践成果上升为制度规范，加强政务公开制度供给。另一方面，加强并整合政府信息公开工作机构。各级各类行政机关应成立专门的政府信息公开工作机构，由专门人员专职负责政府信息公开工作。同时，专门机构应统筹做好包括政府信息公开、网站建设、微博微信客户端运作维护、舆情监测与回应在内的各项工作，形成政府信息公开合力，构筑大公开格局。同时，各级政府办公厅（室）在做好本级政府信息公开工作的同时，还需要整体推进本级政府下属部门的信息公开工作，确保本地的政府信息公开工作整体有序推进。

(三)将公开工作有机融入创新政府建设,以公开促服务

要进一步发扬改革创新精神,以"互联网+"思维将浙江政务公开工作推向纵深、延及全局,再创浙江体制机制新优势。一方面,要依托浙江政务服务网这一重要抓手,着力于纵向全贯通、横向全覆盖,最大限度实现政务信息集中公开,与"最多跑一次"改革配套衔接,以"最多查一次"为目标导向,提升公众信息获取的便利度,实现政府信息主动推送、智能查找,优化升级公众体验。另一方面,探索完善政务公开的标准化治理体系,推进标准供给制度化。以标准化方式全面推进政务公开工作,逐步明确需要主动公开的重点领域的公开标准和要求。

(四)将公开工作有机融入督查工作,以公开促落实

政务公开是一项系统工程,是推进政府职能转变的关键,是治理领域一场广泛而深刻的变革,既有顶层设计又有末端治理,涉及方方面面,工作任务十分繁重。因此,必须精准发力,扭住"牛鼻子"。一方面,要努力让推进政务公开工作的各项改革都能落地生根。浙江已基本搭建好政务公开的主体框架,因此要善于根据全面推进政务公开工作的阶段性目标和时间表、路线图,既督促各地各部门实施方案结合实际及时出台、抓紧落实,又督察相关任务配套跟进,抓好进度统筹,加强政策衔接。另一方面,政务公开工作本身即是改革督察工作的生动体现。扩大政务公开参与,注重公开实效,让群众看得懂、听得懂、能监督、好参与,有利于切实提升群众的获得感,打通政策落实"最后一纳米"。

(五)进一步做好依申请公开工作

从目前各行政机关面临的依申请公开形势看,未来申请仍会逐步攀升,申请的复杂性仍会不断加剧,借助政府信息公开申请实现信访、维权等目的的情况短期内还可能增加。为此,

应进一步规范各行政机关的依申请公开处理流程，确保对依申请公开的说明描述准确，渠道多元化且通畅。应确保有专门人员专职处理政府信息公开申请。建立疑难、重大、复杂申请会商机制，遇到难以处理的申请，应邀请相关业务主管单位、法律顾问、专家等参与论证。还要结合实务中遇到的问题，定期开展有针对性的培训。各级办公厅（室）应发挥领导和指导作用，从整体上掌控本级政府的政府信息公开申请处理工作，对疑难、重大、复杂、复议诉讼隐患较多的申请，应及时介入，指导和帮助有关单位做好论证和答复，提升答复的规范化和专业化水平。

第四章　浙江法治政府建设第三方评估报告(2017年)

根据《浙江省法治政府建设实施标准》要求，从2013年开始，浙江省社会科学院项目组负责按年度实施我省法治政府建设第三方评价，评价对象为41个省级有关单位和11个设区市政府。现将2017年度第三方评价工作情况报告如下。

一　2017年度第三方评估工作新思路新举措

2017年度法治政府建设第三方评价工作，以习近平新时代中国特色社会主义思想为指导，按照省委坚定不移沿着"八八战略"指引的路子走下去的精神，依据《法治政府建设实施纲要（2015—2020年）》和《浙江省人民政府关于深入推进依法行政加快建设法治政府的实施意见》（浙政发〔2015〕5号）等文件要求，以纵深推进浙江省法治政府建设为目标导向，坚持"依法评价、公众视角、内外结合、专业判断"的评价理念，丰富评价指标内涵，增强评价体系精准性，强化补齐制度落地短板意识，把以人民为中心的发展思想体现在法治政府评价各相关指标设计、提炼各环节与全过程，量化评价与分析被评价对象法治政府建设的实然状况。

（一）认真筹划，优化评价工作流程

2017年，浙江省社会科学院法治政府建设第三方评价项目组（以下简称项目组）根据省长袁家军批示精神，在总结2016年评价工作经验基础上，按照"持续改进不断完善"的批示要求，深入调研、科学设计，在3—10月做了大量指标设计、修订、试测、意见征求和评价工作规程编写工作。其间，11个省级有关单位、8个设区市政府对《2017年度浙江省法治政府建设专业评价指标及其权重（征求意见稿）》书面反馈40条意见，经专家委员会论证，采纳7条意见，主要涉及指标表述的准确性与权重设置等问题。此外，2017年，项目组还加强了研究力量，在原有3名副研究员的核心架构上，新增博士1名。同时，根据近5年的评价实践以及外部专家参与情况，调整部分专家，吸收了一批年轻专家。在专家委员会运行机制上，打破原有"大而全"的专家一次性参与模式，选择若干"小而精"的评价点，邀请外部专家分阶段、全程参与论证和把关，更充分地发挥专家咨询作用。

（二）点面结合，延伸工作手臂至基层政府

基层法治政府建设是全省法治政府建设的基础、关键，也是短板。为引导设区市政府进一步加强对各县（市、区）法治政府建设工作的指导和督促，2017年，项目组创新评价模式，组织专家团队基于被评价对象的可比性、一致性等原则，以11个设区市所辖各县（市、区）政府公布的2016年GDP为基准，经分层与多阶段抽样，各确定一个县（市、区）政府，将其纳入各设区市法治政府建设第三方评价范围。作为新实践，对县（市、区）政府的第三方评价，不面面俱到，坚持以设区市政府评价体系为基本遵循，基于可操作性、便利性等原则，务求评价"深、实、细、准、效"，选择其评价体系中的7项指标（合

计权重 30 分）进行第三方评价。其中，各县（市、区）政府第三方评价得分，与所属各设区市政府第三方评价得分，经统计折算，作为各设区市法治政府建设 2017 年度第三方评价的最终得分。

（三）优化指标，力求建立精准评价体系

2017 年度第三方评价工作，既坚持"一张蓝图绘到底"，保持既有一级指标不变，又依据省委省政府有关依法执政、依法行政的新要求，对既有指标充实与完善，突出实践特色与浙江特色。2017 年度评价体系的二级指标分别是 22 项（省级有关单位）和 23 项（设区市政府）；其中，无论是省级有关单位还是设区市，均各有 18 个二级指标保持不变，延续 2016 年度的评价思路。简言之，2017 年主要进行了三方面的优化。

一是梳理既有指标，调整部分指标归属，使各评价版块逻辑性更加严谨。如"政府（部门）法制工作机构与队伍建设""行政处罚结果公开"等指标，原归属于"矛盾纠纷化解"版块，现根据行政权运作逻辑与测评要点，从源头治理与推动工作等角度考虑，将其调整至"行政行为规范"版块。

二是增强各评价指标的科学性。2017 年，项目组会同杭州电子科技大学社会学系团队采用克朗巴哈 α 系数对评价指标体系的信度进行测评，以检验各指标的可靠性和一致性。经检验，2017 年度评价体系中，省级有关单位指标体系的信度为 0.508，设区市政府的指标体系信度为 0.570，指标体系具有可靠性和一致性。

三是强化和充实了有助于测评制度落细落实的评价指标。近 5 年的评价实践证明，行政机关负责人出庭应诉、法规规章确定的配套制度制定义务履行情况、突发事件政务舆情回应、法治政府建设创新探索、依申请公开实测等评价指标，可从终端较好地反映各地各部门落实中央与省委省政府有关法治建设部署要求的实效;因此,2017年度测评,对这些指标或是加大权重,或是进一步优化评价方法,持之以恒抓落实。此外,围绕浙江率先实施的"最多跑一次"改革,项目组坚持问题导向和效果导向,依据《国务院办公厅关于政府部门涉企信息统一归集公示工作实施方案的复函》(国办函〔2016〕74号,以下简称《政府部门涉企信息统一归集公示工作实施方案》),精心设计"涉企信息统一归集公示"指标,从信息归集终端呈现,测评各地政府在打破"信息孤岛""数据烟囱"等方面的推进力度,反向测评各地落实"最多跑一次"的改革实效。

(四)系统评价,丰富信息收集与评价技术

评价质量很大程度上取决于信息和数据的准确性。为确保评价质量,项目组坚持系统思维,持续探索信息收集与评价技术,力求减少信息或数据"黑数"。一方面,充分运用实践证明行之有效的评价方法,如网络检索法、媒体检索法、专家评议德尔菲法、问卷调查法等,扩大信息或数据的获取面;另一方面,借助网络爬虫技术,全网适时抓取与记录涉浙突发舆情事件,了解涉事政府或部门舆情回应情况。同时,强化函调征询赋分法这一"内外结合"经典方式的运用,对行政处罚结果公开、行政规范性文件公开征求意见、领导干部集体学法制度运行等指标,在网络初步检索与资料收集的基础上,通过《法治评价意见征询函》形式,向各被评价对象征询与确认基础信息,借此对冲检索所获取信息的失真风险,并进而矫正各项基础数据等。

(五)综合集成,注重与各被评价对象的互动合作

项目组根据评价指标和评价规程,内部协同合作,建立完备的工作体系,以求发挥第三方评价效应的最大化。通过门户网站搜索、百度关键词模糊检索、纸质媒体检索、公共平台(如"中国裁判文书网"等)获取数据、调查问卷、函询等多

种渠道，内外结合，获得较为客观与可信的评价样本和数据，经整理核实后作为赋分基础数据。根据这些基础数据，由项目组或专家委员会按标准与权重测评赋分。为保证整个评价工作的客观性、合理性与可回溯性，基础数据存档备查、评价工作全程留痕，每项测评结果均有赋分依据和赋分理由说明，并在事后对各被评价对象形成一对一的反馈报告，供其参考，使其"知其然知其所以然"，进而改进不足。

此外，2017年度，项目组还进一步完善了外部协作机制。一是与省内高校加强合作。项目组与浙江财经大学法学院、杭州电子科技大学人文与法学院、中国计量大学法学院等建立合作关系，完善合作机制，一方面吸收教师及其研究生团队作为评价基础数据采集的重要力量；另一方面借助上述高校统计学与社会学等学科优势，自我施压，加强评价体系的信度研究，提高评价体系的科学性。二是与省外科研院所与高校加强交流。项目组与中国社会科学院国家法治指数研究中心、华南理工大学法学院等单位加强联系和技术交流，对地方法治评价的数据和技术支撑等关键话题广泛开展探讨。三是加强对设区市法治政府建设第三方评价指导与支持。根据《浙江省法治政府建设实施标准》要求，杭州、宁波、温州、金华、衢州等地已先后开展法治政府建设第三方评价工作。鉴此，项目组主动作为，一方面将各地评价团队成员吸收为省法治评估研究会理事，加强内部日常交流；另一方面及时给予各地第三方评价工作以智力支持，推动部分评价指标共享，努力发挥评价体系效应的最大化。

二 2017年度第三方评估体系主要指标及测评方法

2017年度第三方评价的一级指标与2013年、2014年、

2015年与2016年保持一致，分制度质量、行政行为规范、执行力、透明度、公众参与、矛盾纠纷化解、公务员法律意识和素养、廉洁从政等八个方面，但根据《法治政府建设实施纲要（2015—2020年）》提出的新时期法治政府建设七方面的主要任务，对部分二级指标进行了充实与调整。2017年，项目组以上述八个主要评价指标为基本框架，分别针对省级有关单位和设区市设计了22项和23项二级指标，并对每个指标赋予一定权重，同时辅之以"法治政府建设创新项目与案例"加分项。

（一）针对省级有关单位的主要指标构成

1. 制度质量

包括行政规范性文件合法性审查与质量、行政规范性文件有效性标注、行政规范性文件政策解读三项。

2. 行政行为规范

包括AB岗工作制度落实、政府（部门）法制工作机构与队伍建设、行政处罚结果公开三项。

3. 执行力

包括配套制度制定义务履行、部门负责人分管政务公开工作公布情况、本部门年度政务公开工作具体实施方案公开、行政审批事项调整四项。其中，部门负责人分管政务公开工作公布情况指标，根据《浙江省人民政府办公厅关于进一步加强和改进政务公开工作的通知》（浙政办发明电〔2016〕74号）设计而成。2016年针对省级有关单位就已测评过，但结果不理想；2017年继续测评，借此督促省级有关单位落实省政府政务公开的部署要求。

4. 透明度

包括财政透明度、依申请信息公开实测、2016年度政府信息公开工作年报公开三项。

5. 公众参与

包括行政规范性文件公开征求意见、政务服务网模拟问题咨询答复二项。

6. 矛盾纠纷化解

包括行政诉讼败诉、10人以上群体性案件发生情况二项。

7. 公务员法律意识和素养

包括领导干部集体学法制度运行、行政机关负责人出庭应诉二项。

8. 廉洁从政

包括贪腐案件和渎职案件状况、八项规定执行情况二项。

此外，为落实《法治政府建设实施纲要（2015—2020年）》要求，充分发挥建设法治政府先进典型的示范带动作用，2017年度继续保留"法治政府建设创新项目与案例"指标，作为加分项目。

（二）针对设区市政府的主要指标构成

基于行政职能的差异，设区市政府的二级指标与省级有关单位的二级指标保持了一定的差异度，具体表现在以下诸方面。

1. 行政行为规范部分

取消AB岗工作制度落实与行政处罚结果公开二项指标，增加环保监管责任履行与涉企信息统一归集公示二项指标。其中，环保监管责任履行指标，主要根据2017年中央第二环境保护督察组督察浙江的客观实际设计而成，坚持结果导向，从问责这一行政行为终端反向测评各设区市政府落实环保监管责任情况。涉企信息统一归集公示指标，系依据《政府部门涉企信息统一归集公示工作实施方案》，从信息归集终端呈现，测评各设区市政府在打破"信息孤岛""数据烟囱"等方面的推进力度。

2. 执行力部分

取消部门负责人分管政务公开工作公布情况与行政审批事

项调整二项指标，增加仲裁制度落实情况指标。仲裁制度落实情况指标，主要根据《浙江省人民政府办公厅关于进一步发挥民商事仲裁制度维护市场经济秩序作用的若干意见》（浙政办发〔2015〕33号）设计而成，旨在测评各设区市政府仲裁工作部署与推进情况。

3. 公众参与部分

取消政务服务网模拟问题咨询答复指标，增加突发事件政务舆情回应指标。其中，突发事件政务舆情回应指标，系根据《浙江省人民政府办公厅关于在政务公开工作中进一步做好政务舆情回应的通知》（浙政办发〔2016〕142号）和《浙江省全面推进政务公开工作实施细则》（浙政办发〔2017〕42号）设计而成，主要测评各地政府是否切实加强政务舆情监测与研判，以及政务舆情的回应实效。

4. 矛盾纠纷化解部分

增加行政复议化解矛盾纠纷作用发挥指标。该指标采取专家赋分法，随机抽取各设区市政府2017年度作出的3份行政复议决定书，从法律文书层面考察行政复议办案质量。

5. 公务员法律意识和素养部分

增加"政府工作报告总结与部署法治政府建设（或依法行政）"指标。该指标主要依据《党政主要负责人履行推进法治建设第一责任人职责规定》（中办发〔2016〕71号）提炼而成，意在测评政府主要负责人是否注重对本地区法治政府建设的组织领导。

此外，2017年度，坚持"点面结合"，将评价工作手臂延伸至县（市、区）政府，结合评价工作量以及作业实际，县（市、区）政府的评价指标，经论证，选择"行政规范性文件有效性标注""行政规范性文件政策解读""本地年度政务公开工作具体实施方案公开情况""政府财政透明度""依申请信息公开实测情况""政府工作报告总结与部署法治政府建设（依法行政）"

"2016年法治政府建设情况报告"七项指标，合计权重30分。

（三）主要测评方法

2017年度第三方评价，继续沿用往年行之有效的基本方法，并在此基础上探索创新。

1. 网络检索测评法

从省级有关单位、设区市政府及其代表性工作部门、县（市、区）政府的门户网站，以及"中国裁判文书网"等数据源，检索评价所需要的基础材料（如政府财政信息、规范性文件公开征求意见情况、政府信息公开年度报告等），并根据操作规程和赋分规则测评打分。

2. 网络信息抓取

这是2017年度新采用的评价方法。主要是通过技术协作，采取爬虫技术，对涉及浙江各地的突发舆情事件进行适时全网抓取，借此了解涉事政府或部门对各突发舆情事件的回应情况。

3. 媒体检索测评法

检索《法制日报》《检察日报》《人民法院报》《中国纪检监察报》《浙江日报》《钱江晚报》《浙江法制报》7家报纸，以及中纪委（监察部）官网、浙江省纪委（监察委）网站、人民网、浙江在线4家网络媒体等共计11家媒体关于省级有关单位、各地政府在执行力、廉洁从政等方面的报道，并根据操作规程和赋分规则测评打分。

4. 专家评议法

对有关样本实施专家评议，并测评打分。如随机抽取省级有关单位和设区市政府的行政规范性文件，邀请外部专家对其合法性和整体质量进行评议赋分；对被评价单位申报的法治创新项目进行专家评审并打分；抽取被评价单位的行政复议决定文书，由专家对其事实认定、法律适用、纠纷处理绩效等进行综合评议打分，从而判断各设区市政府矛盾纠纷化解能力。

5. 实测法

项目组工作人员以申请者或咨询者的身份，申请被评价单位公开某项依法应当公开的信息，或者要求其就某个事项作出答复。通过这一模拟实测过程，评测行政机关及其工作人员是否依法、及时，或者按承诺，充分履行法定职责。

6. 函调征询赋分法

对领导干部学法制度运行情况、配套制度制定职责履行情况等指标，在网络初步检索基础上，通过《法治评价意见征询函》的形式，向各被评价单位征询、确认基础信息，并予以数据矫正。

7. 问卷调查赋分法

就政府法制工作队伍情况等事项实施问卷调查，根据回收的有效问卷内容等进行赋分。

三　第三方评估结果及其分析

2017年，项目组依据建立的评价体系，团结协作，于2018年1月顺利完成对41个省级有关单位、11个设区市政府，以及抽样的11个县（市、区）政府的法治建设第三方评价工作。

（一）测评得分情况

1. 41个省级有关单位测评得分

41个省级有关单位，得分区间在64.63—92.6分，平均分为80.09分，中位数为81.47分。相较于2016年度77.20分的平均得分与80.80分的中位数，省级有关单位法治政府建设整体稳步推进，成效显著。其中，排名前十位的单位依次是省司法厅、省科技厅、省公安厅、省地税局、省海洋与渔业局、省测绘与地理信息局、省审计厅、省教育厅、省安监局和省财政厅；排名后十位的单位依次是省气象局、省林业厅、省人防办、省地震局、省机关事务局、省档案局、省发改委、省旅游局、省民政厅、省卫生计生委。与2016年度相比，进步较为明显的是省科技厅、省教育厅与省安监局。

2. 11个设区市政府测评得分

得分排名依次为衢州市、宁波市、丽水市、温州市、台州市、湖州市、嘉兴市、绍兴市、金华市、杭州市与舟山市。11个设区市政府得分区间为62.67—82.03分，平均分为73.62分，中位数为73.90。这里需要特别说明的是，11个设区市政府得分均已纳入所属抽样的11个县（市、区）政府测评得分。其中，11个县（市、区）政府的得分区间为13.91—27.21分（30分权重），平均分为20.71分，中位数为20.63。排名依次为遂昌县、玉环市、嘉兴市南湖区、绍兴市越城区、宁波市镇海区、苍南县、杭州市富阳区、兰溪市、德清县、衢州市衢江区、岱山县。其中，宁波作为唯一连续四年在第三方评价中位居全省前2位的设区市政府，保持了法治政府建设在全省领先地位，体现了较为持久地推进法治政府建设之韧劲。杭州得分较低，主要原因在于纳入计分统计的富阳区得分率不高，在11个县（市、区）排名第7，得分仅为19.96分，相较排名第一的遂昌县，差距有7.25分；此外，杭州市在打造透明政府等方面与全省其他设区市政府仍有一定差距，如全省13个未按时公开政府信息公开工作年报的县（市、区）政府中，杭州市就有4个。

（二）第三方评估反映的浙江省法治政府建设成效

2017年度第三方评价情况，不一定能够全面反映浙江省法治政府建设的实效，但见微知著，经数据汇总、分析与辨别，可以发现浙江省法治政府建设主要具有以下五方面的特点。

1. 整体看，浙江各地各部门坚持干在实处，推动《法治政府建设实施纲要（2015—2020年）》落地生根，率先基本建成法治政府蓄势已具

在评价体系框架与主要指标基本不变的情况下，2017年度41个省级有关单位平均得分为80.09分，中位数为81.47，相较于2013年度71.33分的平均得分与71.76的中位数，得分区间平均提升9.24分；相较于2016年度77.20分的平均得分与80.80的中位数，得分区间平均提升1.78分。

2017年度11个设区市政府平均得分为73.62分，中位数为73.90，相较于2013年度70.43分的平均得分与69.64的中位数，得分区间平均提升3.73分；相较于2016年度80.99分的平均得分与80.36的中位数，得分有所下降，这主要是因为2017年度设区市政府测评结果纳入其所辖县（市、区）政府测评成绩。但按城市群测算各区域的法治政府建设平均得分，环杭州湾城市群平均得分为71.15分，浙中城市群平均得分为76.72分，温台城市群平均得分为76.38分，各区域法治政府建设总体水平趋于接近。

以上数据的变化，一方面，说明历届省委省政府坚持"一张蓝图绘到底"，一任接着一任干，适时总结法治浙江建设经验，率先推出的法治政府建设实施标准和法治政府建设第三方评价活动，不仅创新了工作体系，建立了科学的法治建设指标体系和考核标准，而且这种工作体系以法治政府建设的"最佳实践"，全面引导各地各部门聚焦聚力深入推进依法行政、建设法治政府，从而在终端呈现出量化分数的普遍提升。另一方面，由于第三方评价各子项指标事先不告知，且采取抽样测评，各被评价对象无法完全按照上一年度评价指标以及扣分情况作"面上应付"而获得临时性高分；因此，平均分、中位数的整体稳步提升，也反映出浙江省法治政府建设整体水平正在逐步提高，特别是近年来推出的"最多跑一次"改革，改出了现代政府治理的新维度，依法施政、公开施政、廉洁施政日渐成为政府工作基本准则，而这些均在2017年第三方评价的终端得到了适时充分体现。

2. 省级有关单位和设区市政府打造透明政府与回应政府取得较大进步

从测评指标来看，2017年，省级有关单位和设区市政府持续推进政务公开，及时回应人民群众期盼关切，切实改善了政府形象。

（1）政务公开组织体系整体相对健全且运转顺畅。25个省级有关单位按照《浙江省人民政府办公厅关于进一步加强和改进政务公开工作的通知》要求，确定1位负责人分管政务公开工作并对外公布。此外，25个省级有关单位、11个设区市政府、8个县（市、区）政府，遵循《2017年浙江省政务公开工作要点》（浙政办发〔2017〕36号）要求，结合实际，制定本地本部门年度政务公开工作具体实施方案或工作安排，并在门户网站公开。

（2）行政规范性文件公开形式规范，老百姓看得懂。38个省级有关单位、11个设区市政府以及抽样的11个县（市、区）政府，均在门户网站设置"政策解读"栏目，政策解读内容通俗易懂，基本满足民众需求。与此同时，为方便民众适时了解政策的时效性，63%的省级有关单位、64%的设区市政府，以及36%的县（市、区）政府，均在门户网站对行政规范性文件标注有效性，这既提升了行政规范性文件的发布质量，又方便了公众查阅。

（3）行政规范性文件公开征求意见愈加精细化。2017年，项目组对35个省级有关单位（6个省级单位测评期间未制定行政规范性文件）、11个设区市政府制定的行政规范性文件，各随机选择1件，就其公开征求意见程序以及公众意见采纳情况、反馈机制运行情况等进行测评。结果显示，63%的省级有关单位、82%的设区市政府,细化行政规范性文件征求意见程序,明确告知民众提出意见的方式、反馈时间、通信地址及联系人、联系电话等事项,且征求意见时间不少于7个工作日。此外,征求意见过程中曾收到过公众意见的省级有关单位、设区市政府,均公开了行政规范性文件征集意见反馈信息,就征集到意见的总体情况、意见采纳情况等分别进行说明。

(4) 省级有关单位与设区市政府的财政透明度持续提升。2017年,省级有关单位财政透明度平均得分为91.2分,设区市政府财政透明度平均得分为85.5分,相较于2016年度82.5分(省级有关单位)与73.8分(设区市政府)的平均得分提升明显。测评结果显示,各地各部门依据《关于进一步推进预决算公开工作的实施意见》(浙委办发〔2016〕56号)要求,建立健全了预决算公开专栏与"一站式财政信息发布方式";各地各部门不仅按时公开2016年财政决算报告(包括报告、报表以及相关说明等)、2017年财政预算报告(包括报告、报表以及相关说明等),而且"三公"经费决算公开细化说明了因公出国(境)团组数及人数,公务用车购置数及保有量,国内公务接待的批次、人数,以及"三公"经费增减变化原因等信息。其中,省司法厅、省农业厅与湖州市、衢州市等分别系省级有关单位与设区市政府财政透明度的"最佳实践",在2017年度财政透明度指标测评中达到满分,成为标杆。

(5) 地方政府政务舆情应对较为积极稳妥。2017年,73.3%涉浙突发舆情事件,均得到涉事政府或部门妥善应对。涉事政府或部门围绕舆论关注的焦点、热点和关键问题,尊重网络传播规律,快速响应、言之有据、言之有物,切实提升回应效果。典型如杭州"7·21"三墩店铺燃爆、温州"3·30"瑞安燃气爆炸、台州"9·25"玉环火灾等突发事件,涉事政府或部门利用政务微博、新闻发布会或接受媒体采访等多种方式,第一时间公开、透明、及时、准确、持续地发布主流声音和权威信息，回应舆论关切，解疑释惑。

（6）信息公开申请渠道较为畅通。经实际验证，2017年，41个省级有关单位、11个设区市政府、11个县（市、区）政府受理在线申请或信函申请的渠道畅通。38个省级有关单位、11个设区市政府、10个县（市、区）政府按时答复在线申请或信函申请。此外，各行政机关不仅及时答复当事人申请，而且答复规范化程度亦呈上升趋势。16个省级有关单位、5个设区市政府、2个县（市、区）政府在答复中既写明法律依据，又告知救济途径，答复准确、规范。测评过程还显示，各地各部门负责信息公开咨询事宜的工作人员服务意识较强，对各种咨询总体上能够耐心、详细地进行解释与说明。

（7）政府信息公开工作年报未按时公开数有所下降。在每年3月31日前发布本机关上一年度的政府信息公开工作年度报告，是《政府信息公开条例》对各级行政机关提出的明确要求。为了评价这项制度的落实情况，项目组连续五年对年度报告发布情况进行了监测和评价。结果显示，截至2017年11月15日，31个省级有关单位、11个设区市政府均按时公开2016年政府信息公开工作年度报告，政府信息公开工作年报未按时公开数，比2016年有所下降。

3. 浙江政务服务网已成为倒逼简政放权、转变政府职能重要平台

从测评指标看，浙江政务服务网顺应"互联网+政务"的时代发展趋势，有机联动网上服务与网下改革，积极推进行政权力全面上网运行，让老百姓有更多获得感。

（1）浙江省统一政务咨询投诉举报平台"我要咨询"栏目"按责转办"与"限时办结"机制运转良好。经模拟办事验证，40个省级有关单位、11个设区市政府均在规定时限内将办理结果反馈至提出诉求的实测人员，工作流程清晰；对不属于本单位职责范围的各咨询事项，能适时通过浙江政务服务网转交有权单位办理，且全程网上留痕，实现了"数据多跑路、百姓少张嘴"。

（2）推进政府权力"瘦身"和运行更加规范有序。项目组以《国务院关于取消一批行政许可事项的决定》（国发〔2017〕46号）、《浙江省人民政府办公厅关于公布取消和调整行政审批事项目录及全省行政许可事项目录（2017年）的通知》（浙政办发〔2017〕101号）等为基本遵循，测评浙江政务服务网所列省级有关单位审批事项是否根据前述文件动态调整（具体包括事项取消、事项名称调整、实施机关调整等三种情形）。测评结果显示，涉及审批事项调整的26个省级有关单位的78项审批事项，88.50%的审批事项均已实现动态调整，并在浙江政务服务网适时公开，执行情况良好。

（3）行政处罚结果网上公开持续全面推进。2017年度曾作出行政处罚决定的26家省级有关单位，除省民政厅、省农业厅外，均按照《浙江省行政处罚结果信息网上公开暂行办法》要求，以政务服务网作为本级行政执法机关在互联网上公开行政处罚结果信息的统一平台，提供行政处罚结果信息查询服务。

4. 法治政府建设"强谋划、强执行"渐成新常态

各地各部门按照中央和省委省政府的部署要求，结合工作实际，强谋划、强执行，全面抓好工作落实，努力使法治成为核心竞争力重要组成部分。

（1）各地各部门重视谋划法治政府建设。37个省级有关单位同时建立健全了部门法制机构工作汇报制度和法治政府建设（依法行政）任务分解制度，形成内部合力，协同推进法治政府建设。各设区市以及县（市、区）政府也高度重视谋划本地法治政府建设。以《2017年政府工作报告》为例，各地均在报告中回顾总结上一年度法治政府建设（依法行政）成效与不足，部署2017年法治政府建设（依法行政）新任务，推动政府工作全面纳入法治轨道。

（2）领导干部渐成学法表率。以2017年全省党政领导干部依法执政专题研讨班举办为契机,作为"关键少数"的领导干部学法自觉性不断提高。测评结果显示,2017年1月1日至11月30日,省级有关单位平均学法次数为3.56,设区市政府平均学法次数为5,相较于2016年全年2.33次/省级单位、3.70次/设区市政府的学法频率,提升显著。测评还发现,各地各部门推动学法向纵深发展,进一步丰富与活跃了学法方式。典型如嘉兴市政府常务会议会前学法活动——"学法进行时"的制度化与常态化,以及台州市政府主要负责人带头开讲法治课,切实提高了领导干部在学法过程中的参与性,形式灵活,效果明显。

（3）被诉行政机关负责人带头履行行政应诉职责。根据"中国裁判文书网"公开的浙江各级人民法院2017年二、三季度行政判决书显示,设区市政府、县级政府及其部门认真落实《浙江省人民政府办公厅关于加强和改进行政应诉工作的实施意见》（浙政办发〔2016〕160号）的有关要求,强化被诉行政机关负责人出庭应诉责任,被诉行政机关负责人出庭应诉率达到67%,相较于2016年54%的全省行政机关负责人出庭应诉率,呈明显上升趋势。

（4）法规规章确定的配套制度制定义务履行率显著提高。项目组梳理了自2012年以来生效的省地方性法规、省政府规章设定的,应当由省级有关单位或者设区市政府履行制定配套制度（文件）的义务。结果显示,2017年,针对12个省级有关单位共测评15项配套制度,履行11项,履行率为73%；针对设区市政府共测评27项配套制度,履行27项,履行率为100%；相较于2016年省级有关单位46%的履行率与设区市政府84%的履行率,进步明显。

（5）行政规范性文件合法适当确保依法行政源头合法。2017年,项目组邀请10位法学专家组成专家组,对36个省级有关单位制定的68份行政规范性文件和11个设区市政府制定的 22 份行政规范性文件，根据《浙江省行政规范性文件管理办法》和经 5 年评价实践经验提炼而成的《规范性文件专业审查基准》，从整体质量与合法性两方面进行专家审查。经汇总各方审查意见，85% 的省级有关单位与 95% 的设区市政府，其所制发的行政规范性文件，均符合行政规范性文件管理制定的基本要求，内容具体、要求明确，凸显部门和地方特色，可操作性强。

5. 各地各部门法治政府建设坚持继承和创新统一，不断探索实践、作出示范引领

为体现创新导向，大力培育建设法治政府先进典型，充分发挥先进典型的示范带动作用，2017 年度，项目组连续第 4 年设立"浙江省法治政府建设创新项目与案例"指标，鼓励各地各部门积极自愿申报。围绕该指标，41 个省级有关单位共选送法治政府创新项目与案例 27 项，11 个设区市政府共选送 11 项。根据两轮专家评审意见，省级有关单位入围项目共计 13 项，其中一类项目 3 项，二类项目 6 项，三类项目 4 项；设区市政府入围项目共计 7 项，其中一类项目 2 项，二类项目 2 项，三类项目 3 项。"宁波市重大行政执法决定法制审核制度试点""衢州市在全省率先开展行政审批'一窗受理、集成服务'改革""金华市特邀行政执法监督员制度""舟山市建立健全'海岛流动办证窗口'服务机制实现办事不出岛""（省公安厅）拘留所社会矛盾化解工作""坚持三个不提交、推动办事八统一，全力打造'最多跑一次'改革人社样本""（省地税局）建立健全税收司法协作机制""（省司法厅）'之江法云'法律服务微信塔群""（省建设厅）以'环节整合＋互联网'为基本路径大力推进施工图'多审合一'"等项目获得评审专家一致认可。这些入选项目，既生动展示了当前浙江法治政府建设的重点任务，又围绕人民群众普遍关心的热点难点问题精准施策，以线带面，从而推动了浙江省法治政府建设继续走在前列。

（三）第三方评估中反映出的一些突出问题与主要不足

通过测评，也发现当前浙江省法治政府建设中仍然存在的一些突出问题和薄弱环节，主要表现在以下九个方面。

1. 县（市、区）法治政府建设是全省法治政府建设短板

2017 年测评，省级有关单位平均得分为 79.78 分，设区市政府（本级）平均得分为 74.23 分，县（市、区）政府平均得分为 69.03 分。省级有关单位、设区市政府、县（市、区）政府得分率差异明显，这充分反映出县（市、区）政府仍然是当前法治政府建设亟待突破的重点和难点，也是浙江率先基本建成法治政府不可回避的重要工作任务。

2. "信息孤岛"和"数据烟囱"仍不同程度存在

项目组以"涉企信息统一归集公示"指标为准，采取个案测评法，从 11 个设区市政府随机选择 33 项针对相关企业的行政处罚结果（均由不同行政机关处罚），测评各该处罚结果是否依据《政府部门涉企信息统一归集公示工作实施方案》，在规定时限内及时归集至"全国企业信用信息公示系统"，并公示于相关企业名下。结果显示，仅湖州市如期实现不同行政机关行政处罚结果的统一归集公示，其他大多数的行政处罚信息仍"深藏闺中"，尚未及时有效地予以披露与利用。

3. 政务解读回应机制尚待进一步建立健全

《浙江省全面推进政务公开工作实施细则》要求各地各部门要实现政策性文件解读的全覆盖与同步化。项目组就此测评各地各部门的政策解读情况。结果显示，省级有关单位，超过一半未对 2017 年制发的行政规范性文件全覆盖解读，解读同步率只有 41%；设区市政府，解读全覆盖率仅达 27%，且仅杭州市做到同步解读；县（市、区）政府解读全覆盖率和同步率仅 18%。这说明，各地各部门政策解读机制运行尚不顺畅，而且解读质量不高。就解读内容而言，不少解读只是把有关行政规范性文件的制定说明以及媒体报道照搬到网上，不仅形式呆板，信息量也十分有限；对一些专业性较强的政策，尚不能进行形象化、通俗化解读。此外，一些地方还存在舆情回应不到位、回应效果不理想等问题。例如杭州"6·22"蓝色钱江、宁波"11·26"江北爆炸、湖州三天门死猪掩埋、台州"2·5"天台足馨堂火灾等突发舆情，涉事政府或部门舆论应对略显被动，官方信息披露不及时，甚至引发次生舆情（典型如宁波"11·26"江北爆炸事件中，@江北发布 26 日下午 14：57 发布 243 字情况通报，220 字讲领导重视）等。

4. 个别单位运用法治思维与法治方式能力有所欠缺，体现在一些基本的简单的既定的法定义务履行尚未做到

例如，《政府信息公开条例》第 31 条规定："各级行政机关应当在每年 3 月 31 日前公布本行政机关的政府信息公开工作年度报告。"第 32 条规定："政府信息公开工作年度报告应当包括下列内容：（一）行政机关主动公开政府信息的情况；（二）行政机关依申请公开政府信息和不予公开政府信息的情况；（三）政府信息公开的收费及减免情况；（四）因政府信息公开申请行政复议、提起行政诉讼的情况；（五）政府信息公开工作存在的主要问题及改进情况；（六）其他需要报告的事项。"《政府信息公开条例》于 2008 年实施，并且这些年从国务院到各类第三方评价，再到新闻媒体，都在高度关注各行政机关年报公开情况。但即便如此，2017 年测评中，仍发现有省民政厅、省林业厅、省国资委 3 个省级单位和 13 个县（市、区）政府未公开年报，以及省教育厅、省民政厅、省建设厅、省水利厅、省文化厅、省人防办、省机关事务管理局等 7 个省级单位未按时公开年报。此外，还有 11 个省级单位公开的年报不符合《政府信息公开条例》第 32 条规定的内容要素。再如，《浙江省人民政府办公厅关于进一步加强和改进政务公开工作的通知》要求省级有关单位"确定1位负责人分管政务公开工作并对外公布"。继2016年首次测评后,2017年项目组再次测评,仍有16个省级单位未确定1位分管政务公开工作的负责人并对外公布。

5. 法治政府持续深入推进与政府法制机构力量不足"张力"日趋明显

2017年,项目组对41个省级有关单位、11个设区市政府、89个县(市、区)政府法制机构的人员编制情况开展专题问卷调查和实地调查。与2013年调查结果相比,34.15%省级有关单位法制机构2017年实际在岗人数少于2013年;48.31%的县(市、区)政府法制机构2017年实际在岗人数少于2013年。随着2020年法治政府建设目标日益临近,政府法制机构目前所承担的任务日渐繁重,但与2013年相比,不少单位政府法制机构工作人员不仅未增加,反而呈减少趋势,这必须引起高度重视。"政治路线确定之后,干部就是决定的因素。"[①] 如期实现浙江法治政府建设的宏伟目标,关键还在于政府法制机构要充分发挥其作为政府在法治政府建设方面的参谋、助手和法律顾问作用,核心要义在于按照建制规格与机构所承担的职能相匹配的原则,配齐配好政府法制机构工作人员。

6. 公众参与行政决策的深度广度尚待拓展与深化

项目组随机选择了36个省级有关单位、11个设区市政府2017年度制定的行政规范性文件,测评作为行政决策的主要载体的行政规范性文件的公众参与情况。测评发现,29个省级有关单位、9个设区市政府制定的行政规范性文件,在网站征求意见期间未曾收到任何公众意见,公众参与程度不高。

此外,行政规范性文件征求意见稿格式僵化,存在形式化倾向。一是用语不严谨。有些征求意见稿径直要求公众将意见反馈至有关单位,但却不告知公众反馈意见的方式(如电子邮

---

① 《毛泽东选集》(第2卷),人民出版社1991年版,第526页。

件、信函或传真等）；有些则要求公众将意见反馈至有关单位，不加解释地直接附上有关单位的电子邮箱、传真等，如"丈二和尚摸不着头脑"。二是较多出现"见物不见人"之情况。征求意见稿仅列出联系电话，却较少列明联系人姓名以告知公众拨打联系电话该找谁。这说明，有关单位为民、便民思想尚未真正落实到行动上来；同时，对单位公务人员也缺乏应有尊重。

7. 新行政诉讼法带来的压力尚需进一步破解

根据项目组对"中国裁判文书网"公开的2017年度第二、三季度浙江各级人民法院1482份行政判决书的统计分析，全省行政机关平均败诉率为31%，高于2016年度22.75%的平均败诉率；其中，县（市、区）政府及部门平均败诉率为34.4%。当然，这一统计数据不一定准确，与省高院败诉统计指标肯定不一致，因为公开在"中国裁判文书网"的裁判文书具有一定的滞后性，但总体上反映了败诉率增加态势，以及从终端再次印证了县（市、区）政府仍然是当前法治政府建设的难点与薄弱环节的这一客观事实。

8. 答复申请随意性较大，被复议诉讼隐患多

从依申请公开的实际验证看，一些行政机关在答复依申请公开时随意性大、严谨性不足，有被申请复议、提起诉讼的隐患。不少答复较为随意、不严谨，存在法律漏洞，主要表现在以口头沟通或电话答复代替正式的书面答复、书面答复未加盖单位公章、过度收集个人信息、未告知权利救济途径等。

9. 政务公开深度、精准度、规范度与延续性尚需进一步提高

深度方面，以行政规范性文件有效性标注为例。检索发现，虽然绝大多数单位设置"行政规范性文件"栏目，并在文件目录中明确标注规范性文件的有效性，栏目结构清晰，易于公众查询，但是在公开深度方面仍存在不少问题。一是省级有关单位在不同平台上的标注情况不一致。省级有关单位部门网站"规范性文件"栏目和省政府信息公开平台各该单位的"规范性

文件"栏目里，两处标注并不一致，有的仅在其中一个平台对行政规范性文件的有效性予以标注。二是在同一平台上标注情况不一致。在同一平台上，有的单位仅标注了栏目中部分文件，有的仅标注2016年文件，2017年制发的文件则未进行有效性标注。三是县（市、区）政府在行政规范性文件的有效性标注上普遍存在空白。随机选择的11个县（市、区）政府，尚有5地未对其2017年制发的行政规范性文件的有效性进行标注。

精准度方面，以财政透明度为例。省级有关单位执行《关于进一步推进预决算公开工作的实施意见》、《浙江省预决算公开操作规程实施细则》（浙财预〔2017〕5号）等方面，公开精准度尚存在不足。如"三公"经费决算信息公开，不少单位在公开"公车购置数"方面，不列数量，仅列金额。再如，省级有关单位预决算中"绩效目标设置情况"或"部门预算绩效情况"等内容，表述过于笼统，或统称"专项公用类和发展建设类项目均实行绩效目标管理"，或统称"绩效评价良好"，缺乏详尽、直观的数据说明，信度不佳。

规范度方面，以行政处罚结果的公开为例。尽管大部分单位已在浙江政务服务网公开行政处罚结果，但规范度方面却有待改善，或偏离《浙江省行政处罚结果信息网上公开暂行办法》有关要求，或由此损害行政处罚公信力乃至该行政机关的整体形象。一是案件名称不规范或不完整。二是个别省级单位公开的行政处罚决定书摘要信息不完整，其中较多缺失的信息有主要违法事实、行政处罚的种类和依据、行政处罚的履行方式和期限等。三是个别省级有关单位公开作出行政处罚的机关名称有误，可能混淆处罚机关和公开机关。四是处罚结果信息网上公开超过《浙江省行政处罚结果信息网上公开暂行办法》规定的20个工作日。

延续性方面，以财政透明度为例。《浙江省预决算公开操作规程实施细则》对政府预决算公开内容、部门预决算公开内容

"三公"经费决算公开的规定，制度设计未延续《浙江省人民政府办公厅关于印发 2015 年政府信息公开工作要点的通知》（浙政办发〔2015〕60 号，以下简称《浙江省 2015 年政府信息公开工作要点》）有关要求。《浙江省 2015 年政府信息公开工作要点》要求各地各部门"'三公'经费决算公开应细化说明因公出国（境）团组数及人数，公务用车购置数及保有量，国内公务接待的批次、人数，以及'三公'经费增减变化原因等信息"。但《浙江省预决算公开操作规程实施细则》仅对部门"三公"经费决算要求"应当说明因公出国（境）团组数及人数，公务用车购置数及保有量，国内公务接待的批次、人数等情况"，而未同样要求政府决算公开亦如此。这导致，省级有关单位"三公"经费决算公开，基本实现因公出国（境）团组数及人数，公务用车购置数及保有量，国内公务接待的批次、人数等财政资金信息公开；而设区市政府，仅湖州、嘉兴、衢州、台州等四地公开了本地政府 2016 年"三公"经费决算详细信息。

四 2018 年度第三方评估工作的基本设想

2018 年，项目组将依据省委建设法治浙江工作领导小组第十七次会议精神，围绕"强谋划、强执行，提高行政质量、效率和政府公信力"政府工作的生命线，聚焦突出问题，不断拓展评价领域，健全抓落实的评价体系，努力使评价指标实现"政府绩效评价+第三方评价+群众满意度评价"有机统一，力求评价更加科学公正合理。

一是完善评价机制，充实评价力量。进一步优化和完善评价机制，通过"引进来""请进来"等方式，充实评价工作研究力量和技术保障力量。以课题委托形式，继续拓展与省属高校、科研院所等合作，并组织他们共同做好第三方评价工作。

同时，持续优化专家委员会规模与人员构成，为评价提供更加充实的智力支撑，增强评价的科学性合理性。

二是强化标准引领，"一张蓝图绘到底"。《浙江省法治政府建设实施标准》是建设"法治浙江"长期渐进过程中"不驰于空想、不骛于虚声"的创新性探索，继承与发展了"八八战略"有关法治建设的要求，为国家和其他地方层面推进法治政府建设提供了有益借鉴和现实启迪，更是新时代法治浙江建设的生动实践。《浙江省法治政府建设实施标准》与《法治政府建设实施纲要（2015—2020年）》一脉相承，率先建立科学的法治政府建设指标体系和考核标准，探索新时代浙江发展的评价体系，有力推动着浙江率先基本建成法治政府。项目组在持续进行的第三方评价中，将一以贯之、坚定不移把法治政府建设第三方评价这篇大文章续写下去。

三是聚焦基层政府，寻求"最佳实践"。确保2020年基本建成法治政府，以及浙江率先基本建成法治政府，任务迫切！2018年，项目组将强化责任担当，坚持问题导向，继续延伸评价工作手臂至县（市、区）政府。力求在"大学习、大调研、大抓落实"的基础上，抓好正反两方面典型，对照《纲要》，寻求县（市、区）法治政府建设的"最佳实践"，总结提炼以期形成浙江率先基本建成法治政府的基层样本，为浙江率先基本建成法治政府汇聚起强大基层正能量。

四是推动成果宣介，扩大评价影响。浙江法治政府建设第三方评价，已持续五年。相较于中国政法大学法治政府研究院对全国100个城市法治政府建设情况轰轰烈烈的民间评价，作为经省政府授权的由省社科院组织开展的法治政府建设第三方评价，虽然在业内声名鹊起，但在社会层面的宣传与推广力度远远滞后。2018年，项目组将提高站位，一方面将强化宣传意识，多渠道、多层次推介法治政府建设的浙江标准、浙江经验；另一方面借助五年评价数据积累，运用计量经济学"基于柯布—道格拉斯生产函数的多元线性回归模型",尝试测算"地方法治政府建设对经济发展的相对贡献度",在全国率先实践"法治GDP",深化新时代浙江发展的理论体系和统计评价体系。相关报告将于新年后提交省政府。

五是适时剖析问题,做实成果衍生。根据评价过程和阶段性成果,不断拓展研究领域、提升研究层次,动态分析我省法治政府建设中存在的主要问题,并提出解决问题的有针对性的建议方案,为省委省政府决策提供资政服务。

第五章　浙江法治政府建设第三方评估报告(2018年)

根据《浙江省法治政府建设实施标准》要求,浙江省社会科学院从2013年开始负责组织实施浙江省法治政府建设第三方评价工作,评价对象为省级有关单位和设区市政府。2018年,在省建设法治政府(依法行政)工作领导小组办公室统一部署下,在浙江省社会科学院党委、行政有力支持下,浙江省社会科学院法治政府评价项目组根据书记车俊、省长袁家军等领导对《2017年度法治政府建设第三方评价报告》重要批示精神,按照"应继续根据薄弱环节加强工作改进"批示要求,聚焦聚力高质量发展、竞争力提升、现代化建设等涉法要素,重点测评33个省级有关单位以及11个设区市政府,以点带面,形成一份量化评价浙江法治政府建设状态的"法治报表"。现将2018年度第三方评价工作情况报告如下。

一　2018年第三方评估工作基本情况

2018年法治政府建设第三方评价工作,以习近平新时代中国特色社会主义思想为指导,以"八八战略"再深化、改革开放再出发为主题,学习贯彻习近平总书记在中央全面依法治国委员会两次会议上的重要讲话精神,按照《法治政府建设实施纲要(2015—2020年)》、《浙江省人民政府办公厅关于印发

2018年浙江省法治政府建设工作要点的通知》（浙政办发〔2018〕36号）、《浙江省人民政府办公厅关于印发县乡法治政府建设行动计划（2018—2020年）的通知》（浙政办发〔2018〕40号，以下简称《三年行动计划》）等文件要求，践行政府"两强三提高"行动计划，聚焦高水平实现《纲要》确定的基本建成法治政府奋斗目标，遵循"依法评价、公众视角、内外结合、专业判断"评价理念，坚持重点突破与整体推进相结合，强化"四个体系"构建，优化评价手段，充实指标内涵，增强评价体系科学性与精准性，更加注重法规规章和制度落地实施，把以人民为中心的发展思想贯穿法治政府建设第三方评价指标设计、提炼、测评各环节、全过程，量化总结、分析、评价浙江法治政府建设的实然状况。

（一）闭环管理，健全工作体系

2018年，项目组总结历年评价工作经验，按照车俊书记"应继续根据薄弱环节加强工作改进"批示要求，一方面，深入基层调研、广泛征求意见，在3月至11月间进行了大量文献检索阅读与指标设计、实测、筛选、修订，以及评价规程编写工作；另一方面，按照项目化、清单式管理要求，优化流程，完善制定方案、组织实施、综合评价、撰写报告等闭环管理机制。项目组根据近6年评价工作实践以及外部专家参与情况，持续吸收一批年轻专家作为专家委员会成员参与第三方评价工作。"草鞋无样，边打边像"，专家委员会运作，不贪大求全、乱铺摊子，根据评价需求与工作重点，选择若干"小而精"的评价点或工作中出现的疑难问题，灵活采用会评、通讯评审等方式，邀请外部专家分阶段、全过程、"背靠背"地论证和把关，充分发挥专家咨询与监督引导作用。

（二）点面结合，完善评价体系

基层政府和群众关系密切，浙江要在提升各领域法治化水平上更进一步、更快一步，深入推进法治政府建设，突破口和着力点在基层。2018年4月，浙江率先出台《三年行动计划》，突出给县乡政府法治建设"补短板"这一主题。为响应省政府工作部署，引导设区市进一步加强对所辖县（市、区）政府法治建设工作的指导和督促，2018年，项目组坚持眼睛向下看，延续2017年评价思路，组织专家基于被评价对象可比性、一致性等原则，以各设区市所辖县（市、区）2017年GDP排名最低的基层政府为基准，选择了淳安县、宁波市江北区、文成县、安吉县、海盐县、新昌县、磐安县、开化县、嵊泗县、三门县、景宁畲族自治县等。之所以如此选择，主要是项目组试图运用底线思维，借此摸清各地基层政府法治建设可能出现的"最差实践"，以便有针对性地提出改进建议，补齐短板。作为新探索新实践，对县（市、区）政府第三方评价，不"十全大补"，以设区市政府第三方评价体系为基本遵循，基于可操作性、便利性、行政耗损最小化等原则，选择其评价体系若干指标形成县（市、区）法治政府建设第三方评价体系。其中，各县（市、区）第三方评价得分，与所属各设区市第三方评价得分，经统计折算，作为各设区市法治政府建设2018年第三方评价的最终得分。

（三）立治有体，创新指标体系

2018年第三方评价工作，坚持一张蓝图绘到底，既保持源于《浙江省法治政府建设实施标准》既有一级指标不变，又依据中央、省委省政府有关依法执政、依法行政新要求，注意与法律法规规定的政府履职程序要求和省委省政府有关重大改革决策指向相衔接，对既有指标调整、充实和完善，突出实践创新和浙江特色。2018年，评价体系针对省级有关单位、地方政府在法治建设中的不同功能与特性，随事而制，分别研发，其二级指标分别达到19个（省级有关单位）和22个（设区市政府）；其中，无论是省级有关单位还是设区市政府，与2017年相比，均各有17个二级指标保持不变。评价指标体系创新主要表现在以下四方面。

一是有效衔接省委省政府有关重要改革决策。2018年，项目组更加注意协调改革与法治关系，避免出现评价指标与法律和改革决策"两张皮"现象。一方面，强化问题导向，结合省委省政府重要改革工作，以制度供给与落地为测评重点；另一方面，梳理省政府工作报告重点，将涉营商环境、政务失信、政府法律顾问"有效覆盖"等指标纳入评价体系，丰富评价内容，进而实现对被评价对象多维度、立体化"画像"。

二是拓展评价方法进一步增强评价体系科学性。评价研究表现为一种特殊的"双重性"，一方面它是经验社会学研究的一部分，要运用经验社会学的理论和方法；另一方面它也是政治过程的一部分，评价结果可以对政治过程产生影响。2018年，项目组认真总结国内外最新评价实践，借鉴并引入世界银行《营商环境报告》DTF法（Distance to Frontier，前沿距离分数）作为权重赋分计算的一种方法，以此衡量各评价对象与最佳表现之间差距。此外，项目组还与浙江科技学院马克思主义学院等科研团队合作，有重点导入目标群体问卷调查（如了解企业家对当地营商环境的满意度、城市原住民对交通法规的知晓度等），丰富评价方法与内容。同时，项目组继续会同杭州电子科技大学社会学系团队对评价体系信度和效度进行测评。其中，运用克朗巴哈α系数对评价体系信度检验显示，省级有关单位信度为0.458，设区市政府信度为0.678，县（市、区）政府信度为0.711，评价体系科学；运用因子分析法对评价体系效度检验显示，省级有关单位在制度质量、执行力、透明度、廉洁从政等指标方面，以及设区市政府在执行力、公众参与、矛盾纠纷化解等指标方面，收敛效度较好，但结构效度有待提高。

三是强化指标精准性突出区分度。第三方评价目的在于诊断现状、提出问题,以便评价对象有针对性地改进,因此,项目组基于评价对象的差异性提炼相关测评指标并付诸实践,以便切实改进问题,助力法治政府建设。2018年,项目组根据各地测评实践和历年得分情况,适当删减了历年各地各部门得分率较高的普惠性指标,如"政府工作报告总结与部署法治政府(依法行政)建设情况""设区市法治政府建设情况年度报告公开"等,以便进一步提升评价指标精准性,愈加体现区分度,客观展示各地各部门法治建设实效。

四是指标取向上一如既往瞄准制度落细落实。第三方评价机制兼具监督引导与咨询研究功能,但主要目的在于加强外部督促,更好推动工作落实,促进政府管理方式改革创新。2018年,项目组主动对标省委省政府年度工作部署,梳理各项制度规范涉及各地各部门责任落实的要求,以制度落细落实为牵引,立足推动工作与依法全面履行工作职能,评价各地各部门执行力,看一看有没有"拖着改""不会改"等问题。如重点围绕各地各部门在打破"信息孤岛""数据烟囱"等方面推进力度,项目组持续依据《政府部门涉企信息统一归集公示方案》,以"涉企信息统一归集公示"为标靶纵向到县(市、区),从信息归集角度末端呈现,反向测评各地推进政府数字化转型、建设数字政府成效。

(四)统筹兼顾,丰富方法路径

评价方法选择和路径设置是法治政府评价的核心问题,既关涉评价科学性,又与评价应用等价值导向密切相关,更是评价指标得以落实的基础。项目组坚持系统思维,立足评价方法的多元性与可操作性,不懈探索新的评价方法,拓展信息或数据获取面,力求减少信息或数据"黑数"。一方面,充分运用实践证明行之有效的网络检索、专家评议德尔菲法、百度等检索平台关键词模糊检索、公共统计数据分析等评价方法；另一方面，结合省政府工作重点，甄别目标群体，定向进行问卷调查，如针对企业家详细了解其对当地营商环境满意度、针对城市居民了解其对某一法规知晓度并借此判断"谁执法、谁普法"责任制落实情况等；通过分层抽样，更为细致、全面了解和分析社会公众对当地法治政府建设认知情况。此外，项目组还与数据公司合作，运用网络爬虫技术，对"中国裁判文书网"涉浙各级政府或部门裁判文书、涉事政府或部门对新闻网站涉浙突发舆情事件报道的回应情况适时全网抓取，作为评价基础数据。同时，项目组全方位运用《法治评价信息确认函》这一深切体现"内外结合"理念的评价方法，对行政规范性文件公开征求意见、政府法律顾问制度运行、配套制度制定义务履行、领导干部集体学法制度运行等指标，在网络初步检索与资料各方收集基础上，向被评价对象函送《法治评价信息确认函》，征询并确认相关基础信息，借此对冲检索获取信息的失真风险，进而校正相关数据。

（五）协同协作，注重互动公开

项目组根据评价指标和工作流程，内部协同、外部协作，强化过程评价、跟踪问效，力求发挥第三方评价效应最大化。为保证评价工作客观、公正、合理与可回溯，基础数据均存档备查、评价工作全程留痕，每项测评结果均有赋分依据、操作规程和赋分说明。同时，项目组始终注意与评价对象建立协作伙伴关系，强化互动机制建设，通过座谈、调研、函询、指标测评结果单项反馈等多种形式与被评价对象实现友好互动。一方面，推动制度政策或举措进入"执行—评价—改进—再评价—再改进"的良性循环；另一方面，尽最大可能克服评价过程中可能出现的信息不对称或失真等风险，并保障被评价对象陈述申辩权。同时，项目组充分利用改版后的"地方法治与法治评价网"发布各类评价信息、评价动态等，公示相关材料，注重程序正义，确保评价过程与结果公开、公平、公正。

此外，2018年，项目组还创新组织形式，着重加强外部协作机制规范化建设。一是以专项研究中心为平台强化与省内高校合作。项目组分别与杭州电子科技大学人文与法学院、浙江经济职业技术学院财会金融学院合作建立社会指标评价中心、财政透明度专项评价研究中心，聚焦法治政府子项指标，提高评价工作针对性与实效性，建立起互联互通信息共享与工作推进平台，以长效机制助力第三方评价工作。二是与省外高校科研院所加强合作交流。项目组与"国家队"中国社会科学院国家法治指数研究中心、浙江大学光华法学院、华南理工大学法学院等单位加强联系和技术交流，对地方法治评价的数据来源、方法路径与技术支撑等关键话题广泛开展探讨。三是指导与支持设区市政府法治建设第三方评价工作。参照《浙江省法治政府建设实施标准》，杭州、宁波、温州、金华、衢州等地已连续多年开展法治政府建设第三方评价工作，为构建上下贯通、横向联动的第三方评价助力法治政府建设工作格局，项目组既将各地评价团队主要成员吸纳为省法治评价研究会理事，建立定期交流机制，又及时给予各地第三方评价工作智力支持与学术支撑，推动部分指标共享。

二 2018年第三方评估体系主要指标及测评方法

2018年第三方评价体系一级指标，与2013年、2014年、2015年、2016年与2017年等5年保持一致，依然为制度质量、行政行为规范、执行力、透明度、公众参与、矛盾纠纷化解、公务员法律意识和素养、廉洁从政等八方面，但根据《法治政府建设实施纲要（2015—2020年）》提出的新时代法治政府建设七方面的主要任务以及省委省政府有关法治建设新要求，对部分二级指标进行了校正、调整与充实。在八方面一级指标的基本框架之下，项目组分别针对省级有关单位和设区市政府设计了19个和22个二级指标，并赋予每项指标一定权重，同时辅之以"法治政府建设创新项目与案例"加分项。

（一）针对省级有关单位的主要指标构成

1. 制度质量

制度质量包括行政规范性文件合法性与质量、行政规范性文件有效性标注两项。此两项指标均延续2017年评价思路，旨在突出以公开促规范，持之以恒规范源头治理，遏止"奇葩"文件。

2. 行政行为规范

行政行为规范包括AB岗工作制度落实、政府法律顾问制度运行、行政处罚结果公开等三项。其中，政府法律顾问制度运行指标，系新设指标，主要根据《浙江省人民政府办公厅关于进一步深化政府法律顾问工作的意见》（浙政办发〔2018〕98号）设计而成，立足浙江2017年底已实现省、市、县、乡四级政府法律顾问全覆盖的大背景，以各地各部门重大行政决策为例（具体选择行政规范性文件制定），了解政府法律顾问参与度，借此剖析政府法律顾问制度实际运行情况，以求加快推进政府法律顾问制度从"有形覆盖"向"有效覆盖"转变。

3. 执行力

执行力包括配套制度制定义务履行、部门负责人政务公开分管工作公开、年度（2018年）政务公开工作具体实施方案公开等三项。此三项指标也系延续2017年评价思路，作为"跳一跳够得着"的指标，以此为切入点，重点测评各部门制度落实情况。

4. 透明度

透明度包括财政透明度、依申请公开实测、年度（2017

年）政府信息公开工作年报公开等三项。此三项指标也系延续2017年评价思路，保持不变。

5. 公众参与

公众参与包括行政规范性文件公开征求意见、社会关切回应两项。其中，社会关切回应指标系新设指标，主要根据《浙江省人民政府办公厅关于进一步加强政府信息公开回应社会关切提升政府公信力的实施意见》（浙政办发〔2013〕150号）、《关于建立健全信息发布和政策解读机制的实施意见》（浙委办发〔2016〕5号）等文件设计；测评中，项目组主要以省政府门户网站"在线直播"栏目与浙江经视新闻"有请发言人"栏目为样本库，测评省级有关单位负责人主动回应社会关切，进行新闻发布的基本情况。

6. 矛盾纠纷化解

矛盾纠纷化解包括行政诉讼败诉、10人以上群体性案件发生情况两项。此两项指标也系延续2017年评价思路，保持不变。

7. 公务员法律意识和素养

公务员法律意识和素养包括领导干部集体学法制度运行、行政机关负责人出庭应诉两项。此两项指标也系延续2017年评价思路，保持不变，重点测评领导干部这个"关键少数"了解法律、掌握法律情况。

8. 廉洁从政

廉洁从政包括贪腐案件和渎职案件状况、八项规定执行情况两项。此两项指标也系延续历年评价思路，保持不变，旨在了解政府廉政建设情况。

（二）针对设区市政府的主要指标构成

基于行政职能差异，设区市政府二级指标与省级有关单位二级指标保持了一定的差异度，具体表现在以下四方面。

1. 行政行为规范方面

取消AB岗工作制度落实与行政处罚结果公开两项指标，增加涉企信息统一归集公示与地方政府普法责任制落实情况两项指标。其中，涉企信息统一归集公示指标，系延续2017年评价思路，主要依据《政府部门涉企信息统一归集公示方案》，以各地打破"信息孤岛""数据烟囱"等方面推进实效的信息归集末端呈现，反向测评各地推进政府数字化转型、建设数字政府实效。地方政府普法责任制落实情况指标，主要依据《中共浙江省委办公厅、浙江省人民政府办公厅关于进一步健全完善普法责任制的实施意见》设计而成，基于可比性原则，选择各设区市政府某一社会关注度高的行政机关，测评其按照"谁主管谁负责""谁执法谁普法"要求深入宣传本系统、本单位职责相关的法律法规在民众中的知晓度。具体而言，项目组选择《浙江省实施〈中华人民共和国道路交通安全法〉办法》"非机动车驾驶人驾驶自行车或电动自行车时，不得以手持方式使用电话"规定，在11个设区市城区发放问卷（110份/设区市），以点带面，重点了解当地民众对相关规定的知晓度。

2. 执行力方面

取消部门负责人政务公开分管工作公开指标，增加政务失信治理、审计工作报告公开两项指标。其中，政务失信治理指标，系依据《2018年国务院政府工作报告》提出的"决不能'新官不理旧账'"要求，以浙江各级各类行政机关被列入人民法院"失信被执行人"名单为准，测评各地政府政务失信情况。审计工作报告公开指标，源于《浙江省审计条例》第7条第1款"县级以上人民政府应当每年向本级人民代表大会常务委员会提出审计机关对预算执行和其他财政收支的审计工作报告"，以及第42条第2款"审计工作报告经本级人民代表大会常务委员会审议后向社会公布"等规定，重点测评设区市政府是否向社会公开相关审计工作报告。

3. 公众参与方面

取消社会关切回应情况指标，增加突发事件政务舆情回应、企业家对当地营商环境满意度两项指标。其中，突发事件政务舆情回应指标，系延续2017年评价思路，依据《浙江省人民政府办公厅关于在政务公开工作中进一步做好政务舆情回应的通知》（浙政办发〔2016〕142号）和《浙江省全面推进政务公开工作实施细则》（浙政办发〔2017〕42号）等文件设计，主要测评各地政府是否切实加强政务舆情监测、研判，以及回应实效。企业家对当地营商环境满意度指标，主要是立足浙江着力打造最佳营商环境新实践，瞄准企业家这一对营商环境感知最敏锐，也最深刻的群体，以设区市为单位，按照每设区市发放100份调查问卷的样本量，了解其对各地营商环境的评价状况。

4. 矛盾纠纷化解方面

增加行政复议化解矛盾纠纷作用发挥指标。该指标延续历年经验，采取专家赋分法，随机抽选各设区市政府2018年作出的3份行政复议决定书，由3位专家各自从法律评价与事实认定等方面判断各地行政复议质量。

此外，2018年，项目组持续延伸评价工作至县（市、区）。根据评价工作量以及作业实际，经审慎论证，县（市、区）政府第三方评价指标最终选择行政规范性文件有效性标注、涉企信息统一归集公示、年度（2018年）政务公开工作具体实施方案公开、政府财政透明度、依申请公开实测、年度（2017年）法治政府建设情况报告公开等6项指标，合计权重30分。同时，为落实《纲要》要求，充分发挥法治政府建设先进典型示范带动作用，以及推动各地各部门分级创建法治政府建设"最佳实践"蔚然成风，2018年继续保留"法治政府建设创新项目与案例"指标，并导入原省法制办与省社科院联合启动的"政府法制工作创新项目"评选结果，作为省级有关单位、设区市政府的加分项目。

(三) 主要测评方法

2018年第三方评价，既沿用历年来被实践证明行之有效的评价方法，又为拓展资料获取途径与保障资料来源多样性，探索了若干具有可操作性、便捷性、过程契合性的评价方法。

1. 网络检索测评法

从省级有关单位、设区市政府及其代表性工作部门、县（市、区）政府门户网站，以及政务服务网等，检索评价所需基础材料（如政府财政透明度、规范性文件公开征求意见情况、行政处罚结果公开等），并根据操作规程、赋分规则等测评赋分。

2. 网络信息抓取

通过与数据公司技术协作，运用Python数据采集与网络爬虫技术，一方面，全网适时抓取浙江各地各部门对突发舆情事件的回应情况；另一方面，从"中国裁判文书网"直接批量获取2018年浙江各地各级人民法院作出的涉政府或政府部门裁判文书，重点了解行政诉讼败诉、行政负责人出庭应诉情况。

3. 专家评议法

运用德尔菲法，采用"背对背"通信方式来征询专家组成员意见，经过反复征询、归纳、修改，最后使专家组成员的意见趋于一致。作为一种结构化的沟通技术或沟通方法，德尔菲法是目前评价研究领域的主要适用方法。具体而言，即是对有关样本实施专家评议，并测评打分。如随机抽取省级有关单位和设区市政府行政规范性文件，由专家对其合法性和整体质量评议赋分；抽取评价对象的行政复议决定文书，由专家对其事实认定、法律适用、纠纷处理绩效等进行综合评议打分，判断各设区市政府矛盾纠纷化解能力等。

4. 实测法

项目组委派学术助理，模拟申请者或询问者身份，请求评价对象公开某项政务信息，或者要求其就某事项作出答复。通过这一模拟实测过程，评测行政机关及其工作人员是否依法及时全面履行法定职责。

5. 函调确认法

项目组继续沿用2014年创设的函调确认法，对政府法律顾问制度运行、配套制度制定义务履行情况、领导干部集体学法制度运行等指标，在全网检索基础上，通过《法治评价信息确认函》，向评价对象确认有关评价信息，借此对冲数据失真风险，并予以矫正。

6. 问卷调查法

问卷调查法主要适用于设区市政府测评，通过抽样分层，分别就普法责任制落实、企业家对当地营商环境满意度等事项进行问卷调查，定向了解有关情况，并作为相关指标测评依据。

7. DTF法（前沿距离分数）

2018年，项目组探索性借鉴世界银行《营商环境报告》DTF法（Distance to Frontier，前沿距离分数，即各测评对象横向比较后按权重赋分，表现最佳者得满分；其他被测评对象则视其与最佳实践相比较的完成度，按比例赋分），作为"企业家对当地营商环境满意度"等指标测评方法，意图引导树立"最佳实践"。

三 第三方评估结果及其分析

2018年，项目组聚焦深入推进法治政府建设，建立健全工作体系化协同推进机制，于2019年1月顺利完成对33个省级有关单位、11个设区市，以及抽样的11个县（市、区）法治政府建设第三方评价工作。

（一）测评得分情况

1. 33个省级有关单位测评得分

33个省级有关单位，得分区间在60.50—92.88分，平均分为79.71分,中位数为80.22,标准差为7.33;相较于2017年80.09分的平均分与81.47的中位数,省级有关单位在依法行政、法治政府建设方面得分略有回落;但90分以上高分段却有3家,比2017年增加1家,且第1名得分创新高,系省人力社保厅的92.88分。此外,省级有关单位排名前十位的依次是省人力社保厅、省公安厅、省财政厅、省机关事务局、省体育局、省卫生健康委、省建设厅、省统计局、省交通运输厅、省审计厅;排名后十位的单位依次是省地震局、省水利厅、省广电局、省农业农村厅、省气象局、省林业局、省民宗委、省文化和旅游厅、省民政厅、省防空办。与2017年相比,进步明显的是省机关事务局、省体育局、省卫生健康委与省建设厅等4家,其2018年排名平均提升26位,得分平均提升13.44分。

2. 11个设区市政府测评得分

11个设区市政府得分区间在67.71—84.60分,平均分为75.48分,中位数为74.16,标准差为6.18;相较于2017年73.62分的平均分与73.90的中位数,设区市法治政府建设整体稳步推进。11个设区市政府排名依次为衢州市、湖州市、宁波市、温州市、杭州市、台州市、金华市、丽水市、绍兴市、舟山市与嘉兴市。其中,衢州市已连续2年位居第一,既保持了法治政府建设在全省的领先地位,又以国家发改委组织的2018年全国营商环境试评价"全国第四"优异成绩生动体现了"法治是最好营商环境"的理念。与2017年相比,湖州市法治政府建设提档增速,成效明显。这里需要特别说明的是,11个设区市政府的统计得分已纳入抽样的11个县(市、区)政府测评得分。其中,11个县(市、区)政府得分区间在14.69—25.84分(30分权重),平均分为21.45分,中位数为22.51,标准差为3.62;相较于2017年度的20.71分的平均分与20.63的中位数(30分权重),其与设区市政府2018年得分共同呈现同向同行之势。11个县(市、区)政府排名依次为淳安县、开化县、宁波市江北区、安吉县、磐安县、海盐县、文成县、景宁畲族自治县、三门县、嵊泗县、新昌县。

（二）第三方评估映射的浙江法治政府建设成效

2018年第三方评价情况，仅是浙江法治政府建设"三维一体"考核评价机制的"一维"，不一定能够全面反映浙江法治政府建设实效，但见微知著、窥一斑而知全豹，通过第三方评价用事实说话，用数据印证，仍可以发现当前浙江法治政府建设主要有以下五方面特点。

1. 整体看，浙江法治政府建设与"两个高水平"建设战略目标相适应、与浙江经济社会发展走在前列相协调

法治政府建设是一项系统工程，涉及面广、建设周期长、任务艰巨繁重，推进过程中要突出重点、突破难点、找准抓手。近年来，浙江各地各部门坚定不移沿着习近平总书记开创的法治浙江建设道路砥砺前行，不断掀起法治政府建设新热潮。从评价结果看，在评价体系与主要指标保持基本一致情况下，2018年，省级有关单位、设区市政府平均分与中位数与历年得分相比，在不规律状态下呈上行趋势（见图1、图2）。申言之，浙江法治政府建设在不断提速前行，已有望高水平实现《纲要》确定的基本建成法治政府奋斗目标。具体而言，虽然2018年省级有关单位79.71分的平均分与80.22的中位数与2017年80.09分的平均分与81.47的中位数相比，略有回落，但相较于2013年71.34分的平均分与71.78的中位数，得分区间平均提升8.41分，整体仍呈稳步前进之势。11个设区市政府75.48分的平均分与74.16的中位数与2017年73.62分的平均分与73.90的中位数相比，得分区间平均提升1.06分；相较于2013年70.43分的平均分与69.64的中位数，得分区间平均提升4.79分。

以上数据结果的变化，以及第三方评价映射的浙江法治政府

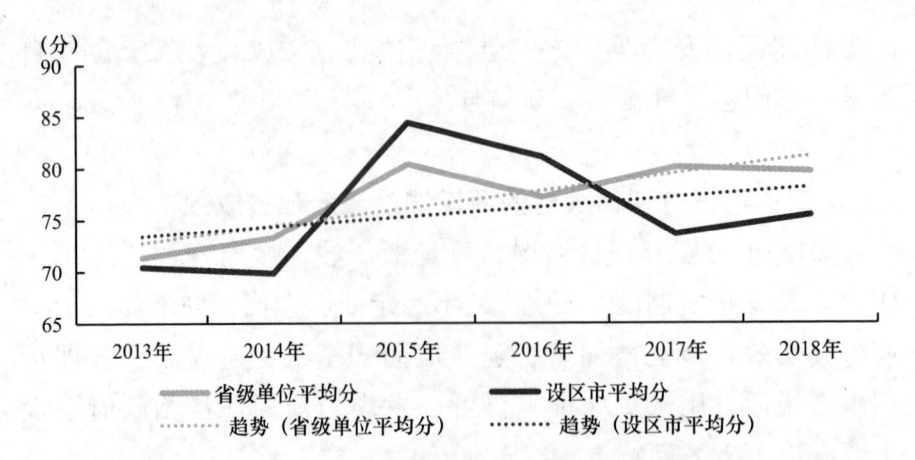

图 5-1 2013—2018 年省级有关单位/设区市第三方评价平均得分及其趋势
注：2015 年得分采取 35 分制，为便于比较，纳入图表时进行了相关折算。

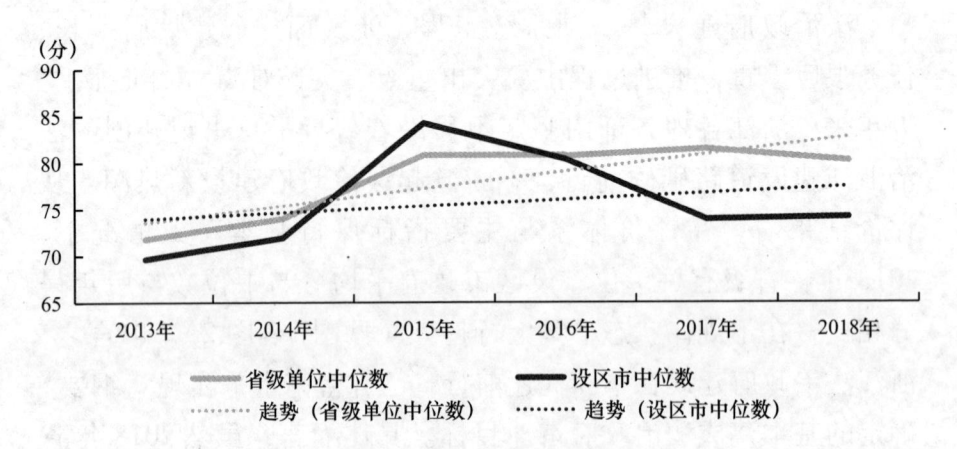

图 5-2 2013—2018 年省级有关单位/设区市政府第三方评价得分中位数及其趋势
注：2015 年得分采取 35 分制，为便于比较，纳入图表时进行了相关折算。

建设提速前行之势，一方面，说明历届省委省政府坚持"一张蓝图绘到底"，聚焦习近平总书记提出的"依法规范行政权力、全面建设法治政府，是建设'法治浙江'的关键所在"，锚定建设法治中国示范区的目标，在全国率先出台法治政府建设实施标准与开展法治政府建设第三方评价，使法治政府建设看得见、摸得着，可检视，久久为功，既建立起"政府绩效评价+第三方评价+群众满意度评价"有机统一的"科学的法治建设指标体系和考核标准",又借梯登高,依托第三方评价体系倡导法治政府建设"最佳实践",引导各地各部门统筹打出更多更有力的法治政府建设"组合拳";所有这些,均作为信息或数据,经由第三方评价体系筛选、分析、输出等,在终端体现为量化分数的普遍提高。

另一方面,由于第三方评价各子项指标事先不告知,评价体系又兼顾过程与结果,重在了解各地各部门对省委省政府法治建设相关部署的制度落地执行力,且采用抽样测评方式,因此,评价对象难以完全按照上一年度评价指标以及扣分情况"临时应付"而获高分;同时,政府工作千头万绪,事先不告知测评内容,也有利于客观了解各地各部门法治建设是否存在"说起来重要,忙起来不要"状况。综上,第三方评价呈现的平均分、中位数整体稳步提升,客观映射出新时代浙江法治政府建设和治理创新深入推进;特别是近年来推出的"最多跑一次"改革和政府数字化转型,把推动高质量发展与建设高水平法治更好地结合起来,加快实现政府治理体系和治理能力现代化,而这些均在2018年第三方评价指标的量化分数终端得到适时、充分的体现。

2. 公开、回应、公信已成浙江法治政府建设常态

公开、回应、公信不仅是法治政府的基本价值理念和基准,又是提升政府治理能力,增强政府公信力、执行力的关键所在。从评价指标和测评结果看,2018年,省级有关单位和各地政府坚持以公开促落实,以回应促规范,以公信促服务,既切实改善了政府形象,又促进了政府有效施政。

(1) 政务公开组织保障有力且运转顺畅。19个省级有关单位按照《浙江省人民政府办公厅关于进一步加强和改进政务公开工作的通知》要求,对外公布本单位分管政务公开工作负责人。此外,26个省级有关单位、11个设区市政府、10个县(市、区)政府,遵循《2018年浙江省政务公开工作要点》要求，结合实际制定本地本部门年度政务公开工作具体实施方案或工作安排，并在政府网站公开；其中，22个省级有关单位、9个设区市政府、8个县（市、区）政府，严格依据《2018年浙江省政务公开工作要点》的时间节点要求，在其公布后30日内在本地区本部门政府网站公开本地本部门年度政务公开工作具体实施方案或工作安排。

（2）行政规范性文件基础信息透明、可预期。行政规范性文件俗称"红头文件"，既是行政机关开展行政执法活动的重要依据，也是社会大众依法活动的准则，与社会大众切身利益密切相关。测评发现，浙江各级各部门制发的行政规范性文件基础信息透明、可预期。一是行政规范性文件集中公开，群众看得懂。33个省级有关单位、11个设区市政府，以及抽样的11个县（市、区）政府，均在部门网站或政府门户网站设置规范性文件栏目，统一、集中公开行政规范性文件，既提升了公开效果，又方便群众查找信息。同时，61%的省级有关单位、73%的设区市政府、55%的县（市、区）政府，均在规范性文件栏目（目录）设置效力一栏，或在具体行政规范性文件页面上方显示有效性，或在文件末尾规定有效期，既提升了行政规范性文件的发布质量，增强政策制定实施的科学性和透明度，又以通俗的形式让老百姓看得懂。二是行政规范性文件广泛征求公众意见。项目组对28个省级有关单位（3个单位测评期间未制定文件，2个单位采用简易程序制定文件）、11个设区市政府2018年制发的行政规范性文件，各随机选择1件，就其公开征求意见程序以及公众意见采纳、反馈情况进行测评。其中，省级有关单位78%的平均得分率、设区市政府82%的平均得分率表明，行政规范性文件公开征求意见作为重大决策预公开的一项重要制度设计，落地实施给力；大多数省级有关单位以及设区市政府能够就其所制定的行政规范性文件广泛征求公众意见，且明确告知公众决策草案、提出意见方式、征集意见期限，以及政府（部门）通信地址、联系人、联系电话等事项，便于公众能够及时、有针对性地参与。此外，征求意见过程中曾收到公众意见的7个省级有关单位、2个设区市政府，均公开了征集意见总体情况与采纳情况，提升了决策说服力和公信力。

（3）省级有关单位与地方政府财政透明度持续上升。2018年，省级有关单位财政透明度平均得分为91.24分，设区市政府财政透明度平均得分为88.36分，县（市、区）政府财政透明度平均得分为78.76分；相较于2017年省级有关单位91.20分、设区市政府85.45分、县（市、区）政府68.33分的平均得分，提升明显。测评结果表明，各地各部门依据《关于进一步推进预决算公开工作的实施意见》（浙委办发〔2016〕56号）、《浙江省预决算公开操作规程实施细则》（浙财预〔2017〕5号）等文件要求，或在部门网站，或在政府门户网站，或在各地财政局网站，设置预决算公开专栏，基本实现本地本部门财政信息全面、集中、统一公开；各地各部门不仅按时公开2017年财政决算报告（包括报告、报表以及有关说明等）、2018年财政预算报告（包括报告、报表以及有关说明等），而且一般公共预算支出表均细化到功能分类的项级科目，一般公共预算基本支出表也细化到经济分类的款级科目，公开规范；地方政府还普遍公开了本级政府债务信息（包括债务限额与债务余额等）。淳安县财政预决算报告还以附件形式公开了本地重点支出、重大投资项目情况，接受群众监督。此外，各地各部门"三公"经费决算信息公开详细，基本按照《关于进一步推进预决算公开工作的实施意见》要求，细化说明因公出国（境）团组数及人数，公务用车购置数及保有量，国内公务接待的批次、人数、经费总额，以及"三公"经费增减变化原因等信息。其中，省财政厅、省人力社保厅系各地各部门财政透明度"最佳实践"，在2018年财政透明度指标测评中达到满分，成为标杆。

（4）行政处罚结果网上公开持续全面推进。2018年曾经做出行政处罚决定的9个省级有关单位，均能落实《浙江省行政处罚结果信息网上公开暂行办法》有关要求，以政务服务网作为本级行政执法机关在互联网上公开行政处罚结果信息的统一平台，并提供行政处罚结果信息查询服务。同时，网上公开的行政处罚结果信息，行政处罚决定书文号、案件名称、被处罚人姓名或者名称、法定代表人姓名、主要违法事实、行政处罚的种类和依据、行政处罚的履行方式和期限、作出行政处罚的机关名称和日期等内容要素基本完整。

（5）省级有关单位负责人或新闻发言人积极主动回应舆论关切。2018年，24个省级有关单位负责人或新闻发言人，依托省政府新闻办公室新闻发布会、省政府新闻办公室主办并由浙江广电集团经济生活频道承办的全媒体时政节目"有请发言人"等权威信息发布平台，主动回应社会关切57次（场），每月平均4.75次（场），每单位平均2.38次（场），密度大、时效强。其中，14个省级有关单位主要负责人带头宣讲政策，"主动说"，回应舆论关切，权威性高。同时，行政机关负责人或新闻发言人善于把信息发布、政策解读与主动回应社会关切相结合，直面热点难点，能够有针对性地发布信息和解读政策，有效影响和引导舆论。

（6）政务舆情应对稳妥有效。2018年，84.09%的涉浙突发舆情事件得到涉事政府或部门妥善应对与处置。涉事政府或部门围绕舆论关注的焦点、热点和关键问题，尊重网络传播规律，响应快速，实事求是、言之有据，有效回应网民关切，切实提升回应效果。典型如宁波10月多起伤人案、绍兴义峰山放射性石料流向民居、温岭城东街道陈年垃圾清运等突发事件，涉事政府或部门通过发布权威信息、召开新闻发布会或吹风会、接受媒体采访等方式，主动设置议题，公开、透明、及时、准确、持续地传递主流声音和权威信息，并建立完善与宣传、网信等部门快速反应和协调联动机制，加强与有关媒体和网站的沟通，扩大回应信息的传播范围。

（7）政府讲诚信守契约蔚然成风。各地各部门建立健全守信践诺机制，把提高政府公信力作为加强政府自身建设的根本遵循。据省高级人民法院提供的2018年1月1日至9月30日被浙江各级人民法院列入"失信被执行人名单"的省内各行政机关统计数据，设区市政府部门、县（市、区）政府及部门、乡镇政府均能带头讲诚信守契约，无一单位被列入"失信被执行人名单"。

3. 政府治理能力全面提升

各地各部门按照中央和省委省政府部署要求，全面实施政府"两强三提高"建设行动计划，着力提高治理体系和治理能力现代化，努力把浙江法治政府建设的先行优势转化为领跑优势，使法治真正成为浙江核心竞争力的重要组成部分。

（1）行政规范性文件合法适当确保源头规范行政管理和执法。2018年，项目组邀请8位理论界与实务界法学专家组成专家组，对30个省级有关单位制发的57份规范性文件（原则上每个单位随机抽选2件文件，但测评周期内有3个单位仅制定了1件规范性文件，3个单位未制定规范性文件）和11个设区市政府制定的22份行政规范性文件，根据《浙江省行政规范性文件管理办法》和项目组历年评价实践经验提炼而成的《规范性文件专业审查基准》，从整体质量与合法性两方面进行专家评审。经汇总各方评审意见，结果显示，74.21%的省级有关单位与75.91%的设区市政府所制发的行政规范性文件，坚持问题导向，符合行政规范性文件制定和监督管理基本要求，内容明确、具体，可操作性强，凸显部门和地方特色。

（2）政府法律顾问从"有形覆盖"向"有效覆盖"转变雏形已具。政府依法行政在发展与改革第一线，充分发挥政府法律顾问作用，为发展与改革提供法治方式，除了"如何不行"外还要说"怎么才行"。因此，继2017年底实现省、市、县、乡四级政府法律顾问全覆盖后，2018年9月省政府出台《浙江省人民政府办公厅关于进一步深化政府法律顾问工作的意见》，在全国率先提出加快推进政府法律顾问制度从"有形覆盖"向"有效覆盖"转变。项目组以行政规范性文件制定这一重大行政决策的典型个案为例，测评各地各部门是否充分发挥政府法律顾问作用，将政府法律顾问工作贯穿行政决策全过程（即行政规范性文件制定过程）。结果显示，2018年1月1日至11月30日，省级有关单位制发的304件规范性文件中，政府法律顾问参与率为71.05%；设区市政府制发的500件规范性文件中，政府法律顾问参与率为49.2%。围绕法治政府建设关键环节和重点领域，政府法律顾问主动有效、高密度参与，不断提高行政质量（2018年省级有关单位与设区市政府制发的行政规范性文件专家评审平均75.06%的得分率，也印证了政府法律顾问参与有效提升了行政质量），同时也进一步深化政府法律顾问工作，完善政府法律顾问工作机制。

（3）法规规章确定的配套制度制定义务履行率稳步提升。从制度落实落地角度，项目组坚持目标导向，重点梳理了自2017年9月至2018年3月间实施的省地方性法规、省政府规章设定的，应当由省级有关单位或者设区市政府履行制定配套制度（文件）的义务。结果显示，2018年，针对7个省级有关单位共测评11项配套制度，共履行7项，履行率为63.64%；针对11个设区市政府共测评56项配套制度，共履行43项，履行率为76.79%；与2017年相比，保持了一定稳定性。此外，10个县（市、区）政府依据《纲要》要求，按时公开本地法治政府建设情况年度报告。这说明，各地各部门在新时代打基础、利长远，依法全面履行行政职能，进一步加强了政策供给和制度供给。

（4）领导干部带头学法经常、具体、深入。作为全面依法治国的关键，领导干部这个"关键少数"认真践行"做学法的模范"要求，带头了解法律、掌握法律，坚持把学习法律知识作为依法治国、依法办事的根本要求，并将学习法律知识作为日常学习重要环节。测评结果显示，2018年1月1日至11月30日，省级有关单位平均学法次数为3.42次，设区市政府平均学法次数为5.82次；相较于2017年同期3.56次/省级有关单位、5次/设区市政府的平均学法频率，整体仍呈上升之势。测评还发现，各地各部门推动学法制度进一步向纵深发展，创新载体和方式方法，既有现场互动环节，授课人答疑解惑，又有现场参观杭州"五四"宪法历史资料陈列馆讲授宪法知识、学习宪法修正案等，丰富与活跃了学法方式。其中，15个省级有关单位坚持"干什么学什么"，有针对性地加强与履职相关法律知识的学习。15个省级有关单位和3个设区市政府主要负责人创新落实《浙江省党政主要负责人履行推进法治建设第一责任人职责实施办法》有关要求，带头开讲法治课，形成学法"头雁效应"。

（5）被诉行政机关负责人带头履行行政应诉职责。根据"中国裁判文书网"公开的浙江各级人民法院2018年二、三季度行政判决书显示，设区市政府、县（市、区）政府，以及其各自部门认真落实《浙江省人民政府办公厅关于加强和改进行政应诉工作的实施意见》（浙政办发〔2016〕160号）有关要求，稳妥实施政府负责人出庭应诉制度，强化被诉行政机关负责人（包括正职负责人、副职负责人以及其他参加分管的负责人）出庭应诉责任，被诉行政机关负责人出庭应诉率达到87.09%；相较于2017年同期67%的出庭应诉率，上升趋势明显。

（6）行政复议化解行政争议作用日益明显。行政复议是政府系统自我纠错的监督制度和解决"民告官"行政争议的救济制度，是推进法治政府建设的重要抓手，也是维护公民、法人和其他组织合法权益的重要渠道。2018年，项目组重点瞄准设区市政府就涉及工商、食品药品、城乡规划、房屋征迁补偿等民生领域的行政争议作出的行政复议文书，各随机选择3件，邀请专家从事实认定、法律适用、复议程序、文书形式、处理效果等五方面进行评审。经汇总各方意见，在评审要素与评审专家保持基本不变的条件下，2018年各地行政复议文书平均得分为91.7分；相较于2017年87.74分的平均得分，进步明显。这说明，浙江省行政复议体制改革红利释放，行政复议人员办案能力逐步提高，依法将大量行政争议有效化解在基层、化解在初发阶段、化解在行政机关内部。

（7）信息公开申请渠道畅通且答复规范。依申请公开是政府信息公开制度的重要内容，是主动公开的重要补充，是保障公民知情权的重要环节。经实际验证，2018年，33个省级有关单位、11个设区市政府、11个县（市、区）政府受理在线申请或信函申请渠道畅通，同时重视民众"获得感"，未对依申请公开设置限制条件（如要求出具科研证明等）。33个省级有关单位、11个设区市政府、10个县（市、区）政府按时答复在线申请或信函申请。其中，28个有关省级单位、11个设区市政府、8个县（市、区）政府在线申请平台运行良好，不存在因网络技术障碍等原因造成申请拖延或重复申请等。此外，各行政机关依申请答复日趋规范。33个省级有关单位、10个设区市政府、7个县（市、区）政府依申请公开答复材料加盖政府公章，体现权威性。同时，17个省级有关单位、6个设区市政府、3个县（市、区）政府在答复中既写明法律依据，又告知救济途径与救济时效，答复准确、有说服力。测评过程还显示，各行政机关负责信息公开咨询事宜的工作人员服务意识较强，对各种咨询总体上能够耐心、详细地进行解释与说明。

4. 营商环境持续优化，企业家获得感满满

近年来，浙江深入推进"放管服"改革，以"最多跑一次"改革撬动各领域改革，充分发挥有效市场和有为政府作用，推动营商环境全面优化。2018年5月至6月，项目组以企业家为样本群，从公平竞争的市场环境、高效廉洁的政务环境、公正透明的法律政策环境、开放包容的人文环境等四方面，采取问卷调查方式，重点了解企业家对 11 个设区市营商环境满意度。结果显示，企业家获得感满满，其对全省营商环境平均满意度为 93.82%，整体情况令人满意（见表 5-1）；同时，还有 95.9% 的企业家认为"最多跑一次"改革持续优化了各地投资发展环境。企业所盼就是政府改革所向。企业家对各地营商环境高满意度的背后，映射的是各地牢固树立"法治是最好的营商环境"理念，在法治服务和保障等方面加强的探索与实践。2018 年，项目组与省司法厅合作，坚持"营商环境的'优化'，在本质上就是'法治化'"评价理念，对全省各地法治服务和保障营商环境的效能进行了第三方评价。结果显示：各地在部署落实营商环境法律服务以及因地制宜发布的营商典型案例与当地经济发展关联度两方面的平均得分分别达到 84.04 分、72.7 分，从政府服务效能层面显示出各地能够把推动高质量发展与建设高水平法治更好地结合起来，从而让作为政府主要服务对象的企业家获得感满满。

表 5-1　　　　　　　　企业家对各地营商环境的评价

设区市占比	衢州	杭州	嘉兴	丽水	金华	湖州	绍兴	宁波	温州	舟山	台州	全省平均
整体满意度（%）	98.80	98.20	97.00	96.60	96.10	95.40	95.00	92.30	91.70	86.00	84.90	93.82

5. 各地各部门法治政府建设坚持继承与创新相统一，不断探索最佳实践、作出示范引领

为进一步激发各地各部门首创精神，鼓励改革创新，促进"共享法制"建设，及时总结推广浙江法治政府建设"最佳实践"，2018 年，项目组连续第 5 年设立"法治政府建设创新项目与案例"加分指标，引导各地各部门自愿申报。围绕该指标，各地各部门共申报创新项目 59 项。根据两轮专家评审意见，确定入选项目20项（地方政府12项、省级有关单位9项，绍兴市与省生态环境厅联合申报创新项目入选，其中，2个申报主体各自计数，项目统一计数）。其中，省级有关单位入选"浙江省政府法制工作创新项目"6项、"浙江省政府法制工作提名项目"3项；设区市政府入选"浙江省政府法制工作创新项目"5项、"浙江省政府法制工作提名项目"7项。"（省公安厅）浙江省公安机关建立新型执法管理机制，推进公安执法规范化建设""（省人力社保厅）坚持法治与改革并举，深化推进'最多跑一次'改革""（省审计厅）争当改革促进派，建立容错免责机制的创新实践""网络市场法治监管的杭州实践""宁波市重大执法决定法制审核制度创新""嘉兴市首创'综合查一次'执法检查模式""衢州市全国首推行政机关合同管理'五统一'制度"等项目，获得评审专家们一致认可。这些入选项目，既生动展示了当前浙江法治政府建设的重点与难点任务，又围绕把推动高质量发展与建设高水平法治更好结合起来，在改革发展、社会治理、法治服务和保障等方面精准施策，以点带面、从线到面，从而使法治政府建设与"两个高水平"建设战略目标相适应、与浙江经济社会发展走在前列相协调。

（三）第三方评估反映出的一些突出问题与主要不足

浙江第三方评价始终坚持辩证思维，注重运用"两点论"，既看到了法治政府建设成效，也发现了当前法治政府建设依然存在的一些突出问题和薄弱环节。按照行政权运行的基本轨迹和依法行政的内在逻辑，当前浙江法治政府建设存在的问题和薄弱环节主要表现在以下八个方面。

1. 法治政府建设在不同地区与领域缺乏均衡性

2018年，省级有关单位平均得分率为79.71%，设区市政府平均得分率为75.75%，县（市、区）政府平均得分率为71.5%；其中，省级有关单位、设区市政府、县（市、区）政府之间差异明显的得分，充分反映出县（市、区）政府仍是当前浙江建设法治政府最薄弱环节。同时，标准差作为一种验证均衡的方式，可以更加精确地反映地区或部门法治政府建设水平的差异性和均衡度。标准差值越大，说明差异越大；值越小，则说明差异越小。2018年，省级有关单位标准差为7.33，设区市政府标准差为6.18，县（市、区）标准差为3.62，由此也可知，省级有关单位之间在法治政府建设方面存在较大差异，均衡度最低。更进一步，回溯并分析省级有关单位2013年至2018年法治政府第三方评价得分情况，可知省级有关单位在依法行政、法治政府建设方面相对薄弱的单位或领域，主要集中在"双重管理且以上级管理为主"单位（见表5-2）。由表5-2可知，整体看，此类单位得分与省级有关单位平均得分渐成背离之势，且个别单位在依法行政、法治政府建设方面的量化形式不规律性明显。因此，如何落实属地事权，加强指导此类单位法治政府建设，实现与浙江整体法治建设同向同行且走在前列，应是新时代深化法治浙江建设的新着力点，也应是全面依法治国浙江实践的新探索。

表5-2　"双重管理且以上级管理为主"的省级有关单位历年得分情况（满分：100分）　　　　　　单位：分

年度 内容	2013	2014	2015	2016	2017	2018
省地税局（省税务局）	76.61	79.49	79.43	88.59	87.85	79.67
省地震局	69.35	72.09	67.20	74.27	70.37	60.5
省气象局	69.62	69.12	72.37	56.03	64.63	72.33
省烟草专卖局	67.17	70.8	65.34	53.69	—	—
省级单位平均得分	71.34	73.29	80.36	77.2	80.09	79.71

注：省烟草专卖局自2017年后按照省建设法治政府（依法行政）工作领导小组办公室要求未纳入测评范围；省地税局2018年与省国税局合并，实行双重管理且以上级管理为主管理体制。其中，2015年得分采取35分制，纳入表格时已进行折算。

2. 制度设计与实际落地之间尚存梗阻

2018年，项目组重点测评了各地各部门对既有制度的落实情况。其中，测评统筹兼顾历时性与共时性，既选择习近平总书记在浙江工作时亲自谋划部署的机关效能建设AB岗工作制度，回应2018年"八八战略"实施15周年大势，以省级有关单位网站公开的政务信息为准，持续了解省级有关单位落实AB岗工作制度情况；同时又按照"坚持省委工作推进到哪里、审计工作就跟进到哪里"新要求，对各设区市政府依据《浙江省审计条例》有关规定公开本级预算执行和其他财政收支的审计工作报告情况进行评价。结果显示，33个省级有关单位，仅有省科技厅、省财政厅、省交通运输厅、省水利厅、省机关事务局等5个单位始终坚持AB岗工作制度不动摇，坚持便民服务，公开本单位内设机构职责、内设机构细化工作职责、AB岗责任人及联系方式等，其他28家单位仅公开内设机构职责，并未严格依据《政府信息公开条例》第9条有关"反映本行政机关机构设置、职能、办事程序等情况的"主动公开的规定，向社会公开AB岗工作制度推行情况。其中，个别单位甚至对AB岗工作制度政务公开认识不到位，导致AB岗工作制"体内循环"，如《浙江省商务厅工作规则》规定："厅领导、处室负责人工作分工及AB角设置应在一定范围内公开"，这显然与当前"政务公开是常态、不公开是例外"新理念相悖。至于本级预算执行和其他财政收支的审计工作报告公开情况，虽然《浙江省审计条例》实施已有4年，但仍有温州、嘉兴、金华、舟山、丽水等地未向社会公开。

3. 个别单位运用法治思维与法治方式能力有所欠缺

例如，《政府信息公开条例》第31条规定："各级行政机关应当在每年3月31日前公布本行政机关的政府信息公开工作年度报告。"第32条规定："政府信息公开工作年度报告应当包括下列内容：（一）行政机关主动公开政府信息的情况；

（二）行政机关依申请公开政府信息和不予公开政府信息的情况；（三）政府信息公开的收费及减免情况；（四）因政府信息公开申请行政复议、提起行政诉讼的情况；（五）政府信息公开工作存在的主要问题及改进情况；（六）其他需要报告的事项。"《政府信息公开条例》于2008年实施，并且这些年从国务院政务公开督察到各类第三方评价（项目组自2013年起持续关注信息公开年报的公开情况），再到新闻媒体，均高度关注各级各类行政机关信息公开工作年报的公开情况。但即便如此，2018年，仍有省发展改革委、省科技厅、省民政厅、省水利厅、省农业农村厅、省林业局、省地震局等7个省级有关单位和台州市、杭州市富阳区、建德市、嘉兴市南湖区、青田县等5个地方政府未按时公开年报；此外，还有20个省级有关单位和2个设区市政府公开的年报不符合《政府信息公开条例》第32条规定的内容要素。再如，《浙江省人民政府办公厅关于进一步加强和改进政务公开工作的通知》要求省级有关单位"确定1位负责人分管政务公开工作并对外公布"。继2016年、2017年连续2个年度测评之后，2018年项目组再次测评，结果仍有14个省级有关单位（占比约42.42%）未对外公布分管政务公开工作的负责人。

4. "信息孤岛""数据烟囱"仍不同程度存在

"各自为政、条块分割、烟囱林立、信息孤岛"是困扰政务信息化向纵深发展的老大难问题。项目组以"涉企信息统一归集公示"指标为准，采取个案测评法，依托政务服务网，从11个设区市各随机选择3件涉企行政处罚案件（1件系市场监管部门作出，2件系非市场监管部门作出），测评各该处罚结果是否依据《政府部门涉企信息统一归集公示方案》，在规定时限内及时统一归集至"全国企业信用信息公示系统"，并公示于各相关企业项下。结果显示，仅11个设区市政府与10个县（市、区）政府的市场监管部门作出的处罚决定能够做到信息同步更新，及时归集至"全国企业信用信息公示系统";其他非市场监管部门作出的处罚决定均未能实现统一归集公示,即便相关企业项下有非市场监管部门的处罚信息,也多为陈旧信息(主要是2016年)。由此可见,大多数行政处罚信息仍"深藏闺中",数据或信息"鸿沟"仍不同程度存在,尚未及时、有效披露、共享与应用。

5. 公众参与行政决策深度广度尚待深化与拓展

项目组随机选择了28个省级有关单位、11个设区市政府2018年制发的行政规范性文件,测评作为重大行政决策载体的行政规范性文件制定过程中的公众参与效度。结果显示部分评价对象重大决策征集意见渠道单一,不便于公众多渠道参与。行政规范性文件草案作为重大决策预公开制度实践,应通过多种渠道征集意见,以适应不同群体习惯和要求。但测评发现,部分评价对象仅通过单一渠道收集意见。有的仅通过电子邮箱渠道接收意见建议,如省民政厅、嘉兴市等;有的仅通过在线平台收集意见,如杭州市等;有的仅通过传真渠道收集意见,如宁波市等;有的意见征集渠道"语焉不详",径直要求公众将意见书面反馈至有关单位,但未告知公众反馈意见具体方式(如电子邮件、信函或传真等),如省自然资源厅、省商务厅、金华市等;还有些直接要求公众将意见反馈至有关单位,却不加解释地直接附上有关单位电子邮箱、传真等,前后行文缺乏语境与连贯性,让人"丈二和尚摸不着头脑"。同时,政务公开多平台并存且不互通。如行政规范性文件信息可以发布在部门网站、政府门户网站政策法规专栏、省规范性文件信息平台上,但多个平台上发布的同一单位的行政规范性文件信息,或交叉重叠,或不尽相同,没有一个网站上有完整信息,有的平台长时间不更新,群众甚至不知道这些信息平台的存在。测评还发现,部分评价对象提供的意见征集时间过短或不明确,未给公众留有充足参与时间(见表5-3)。

表 5-3　　　　　　　部分评价对象的征集时间（2018 年）

评价对象	征集时间段	征集天数（含节假日）
省文化和旅游厅	6月15—22日	8天
省广电局	征集意见文件5月4日公开，但文件落款时间为5月3日，且该文件表述为"公布之日起7日内通过电子邮件、传真等形式反馈至……"	7天
宁波市	8月31日—9月4日上午10：00	5天
金华市	6月1日—无限制	征集时间不明确

注：资料收集时间截至 2018 年 12 月 27 日。

6. 执法与普法缺乏有效衔接

"谁执法谁普法"普法责任制，以法治化运作思路为指引，采取以法治实践为基础的执法与普法整合模式，展现了常态化普法、监督式普法模式。但从目前实践看，执法普法模式还基本停留在"告知"形式，即行政执法者在实施行政执法活动时告知当事人实施行政行为的法律依据和理由，普法实际效果不明显。如 11 个设区市民众对"非机动车驾驶人驾驶自行车或电动自行车时，不得以手持方式使用电话"（2006 年实施的《浙江省实施〈中华人民共和国道路交通安全法〉办法》条文）规定的平均知晓率仅为 58.8%，这与交警部门高频次、高强度、不间断的道路交通违法行为整治年度工作常态，以及相关法规长达 12 年实施时间相比，显示出"将普法贯穿于执法全过程，渗透于执法各环节"的要求在落实上仅仅是"雨过地皮湿"。当然，这种现象并非浙江独有，根据《中国人民大学中国法律发展报告2018》在全国范围内抽样问卷调查显示，普法形式主义差评率达到 61.1%，这说明"谁执法谁普法"普法责任制落实仍任重道远。

7. 对特定行政行为引发的政务舆情预判不足

政府从事特定行政行为前，对其可能引发的舆情风险应进行预判，制定相应处置和回应工作预案；行政行为作出后，要主动解读、回应关切，切实做到解疑释惑、澄清事实，赢得公众理解和支持。但测评发现，一些地方政府在政务舆情回应方面仍存在工作理念不适应、工作机制不完善、舆情回应不到位、回应效果不理想等问题。例如"Facebook拟在杭设立子公司"、杭州11月犬类整治等，涉事政府或部门缺乏舆情应对预案，存在政策落实不到位、宣传不到位的情况，使得群众对于政府行为理解不透彻，滋生网络谣言，引发舆论危机，个别事件甚至还引发境外媒体炒作，衍生次生舆情。

8. 答复申请随意性较大，被复议诉讼隐患多

从依申请公开实际验证看，一些行政机关在答复依申请公开时随意性较大、严谨性不足，有被申请复议、提起行政诉讼的隐患。不少答复存在法律漏洞，主要表现在以口头沟通或电话答复代替正式书面答复、书面答复未加盖单位公章、电子邮件答复未明显标注答复机关名称、未告知申请人法律依据和救济渠道等。其中，部分基层政府答复依申请公开信息时使用的邮箱为个人邮箱，而非官方办公邮箱。同时，对同一项政府信息是否应当予以公开，在对信息属性认定上，地方政府还存在一定的偏差或不一致之处。

四 2019年第三方评估工作基本设想

2020年高水平实现基本建成法治政府奋斗目标，2019年是关键年。"浩荡春风起，奋进脚步疾。"项目组将依据省委全面依法治省委员会第一次会议精神，锚定"努力把法治建设的先行优势转化为领跑优势，使法治真正成为浙江核心竞争力的重要组成部分"目标，围绕全面提升政府治理能力工作主线，聚焦突出问题，抓住政府要依法行政这个关键，不断拓展评价领域，强化评价体系构建，准确掌握制约浙江法治政府建设的第一手资料，着力提升评价科学性与精准性。

一是优化评价机制，充实评价力量。进一步优化评价机制，坚持"请进来""走出去"，注重运用数字化手段，加快提升工作能力，持续充实评价研究与技术保障力量。一方面，继续保持与省属高校、科研院所等单位合作，并组织好他们共同做好第三方评价工作；另一方面，针对"双重管理且以上级管理为主"的省级有关单位，研发有针对性评价指标，努力做到"高水平实现基本建成法治政府奋斗目标新征途上，一个都不能少"。同时，适时更新优化专家委员会委员，着重聘请具有社会学、统计学、人工智能等学科背景专家加入专家委员会，为评价提供更加充实的智力支撑。

二是坚持标准引领，一张蓝图绘到底。《浙江省法治政府建设实施标准》是新时代深化法治浙江建设的创新性探索，是"八八战略"再深化、改革开放再出发的题中应有之义，是浙江法治建设先行优势之一，为国家和其他地区推进法治政府建设提供了有益借鉴和现实启迪。新时代抓住政府要依法行政这个关键，要害就在于与时俱进地完善浙江省法治政府建设实施标准，这个"政府绩效评价+第三方评价+群众满意度评价"有机统一的"科学的法治建设指标体系和考核标准"。法治政府第三方评价作为一种有序的、理性的公众参与，始终坚持以人民为中心。2019年，项目组将立足公众视角，尝试推进警务公开、狱务公开、营商法治环境等相关测评工作，以公开促规范、促落实、促服务，努力为营造"办事不求人"的社会氛围贡献专业力量与浙江标准。

三是聚焦基层政府，梳理"最佳实践"。法治政府建设短板在基层，重点和难点也在基层。2019年，项目组将继续延伸评价工作手臂至县（市、区）政府，并尝试将乡镇政府纳入测评样本。同时，力求在"三服务"基础上，对照《纲要》，以及结合浙江实际"化抽象为具体"的省法治政府建设第三方评价体系，寻找县（市、区）法治政府建设的"最佳实践"，在全国率先总结提炼高水平实现基本建成法治政府奋斗目标的基层样本，为夯实浙江法治建设的领跑优势之基提供更多基层鲜活实践。

四是推动成果转化，扩大评价影响。浙江法治政府建设第三方评价，已持续六年。作为全国唯一由省政府授权具体从事省域范围内法治政府建设第三方评价的科研院所，浙江省社会科学院法治政府评价能力和专业水平已在业内声名鹊起、颇受认同。2019年，浙江省社会科学院督促项目组做到站位再提高、理念再深化、力度再加大，一方面，强化宣传意识，多渠道多层次多形式推进法治政府建设的浙江经验、浙江标准；一方面，持续推进"法治政府建设创新项目与案例"评选活动，及时分类分级总结推进法治政府建设"最佳实践"；另一方面，借助6年评价数据积累，运用计量经济学"基于柯布—道格拉斯生产函数的多元线性回归模型"，尝试测算"地方政府法治建设对经济发展的贡献度"，在全国率先实践"法治GDP"，深化新时代浙江发展的理论体系和统计评价体系。

五是强化过程诊断，做好成果衍生。坚持问题导向，根据评价过程和阶段性成果，不断拓展并延伸研究领域，提升研究层次，适时动态分析当前浙江法治政府建设中存在的重要问题，并提出有针对性的建议方案，为省委省政府决策咨政建言。同时，坚持"应评价尽评价"工作思路，持续发力，适时筹划对全省法治政府建设总体情况进行全样本第三方评价（重点选择机构改革后设置的省政府工作部门与市、县两级100个地方政府），回答浙江高水平实现基本建成法治政府奋斗目标的时代命题。

第六章　反思：第三方评估是昙花一现还是历久弥坚？

评估是现代社会的一个"婴儿"，它与现代社会的复兴与进一步发展是密不可分的。[1] 对评估而言，最重要的就是什么（哪些对象）、为了什么目的、根据哪些标准、由谁、如何（用什么方法）来进行评估。作为现代社会的一个重要组成部分，评估有助于确保政策调控的合理化，有助于对社会进行宣传。同时，借助评估，不仅可以了解干预的预期效果，而且可以了解非预期效果，为社会反思提供了经验基础。[2] 而随着科学技术的高速发展和全球化的展开，人类已经开始进入一个"风险社会"的时代。[3] 就中国而言，具体则呈现出现代意义的风险与传统风险并存、技术风险与制度风险为主的风险环境，社会日趋复杂。[4] 在此大变局之下，评估从来没有像今天这样重要。将评估与经济和社会进步、努力向上和做得更好的愿景联系在一起，以微观手段驱动宏观目标（即现代化）实现的要求符合管理科学原

---

[1] ［德］赖因哈德·施托克曼、沃尔夫冈·梅耶：《评估学》，唐以志译，人民出版社2012年版，第179页。

[2] 同上书，第3页。

[3] 赵延东：《风险社会与风险治理》，《中国科技论坛》2004年第4期。

[4] 杨雪冬：《全球化、风险社会与复合治理》，《马克思主义与现实》2004年第4期。

理，契合了20世纪80年代以来在全球兴起的以"评估国家"来代替"管制国家"的改革浪潮。①

评估不仅可以支持人们通过简单的期望目标和实际达到的状态之间的"目标—现状比较"去相信所取得的进步，而且可以在将副作用和非预期效果作为分析的角度的时候，摆脱纯粹技术专家的观点，并借此对取得的成就进行自我质疑。更进一步讲，通过系统的、以数据为基础的反馈，评估帮助社会使其未来以一种合适的方式发展；一个追求评估的社会是一个喜欢理性思考并对传统、意识形态和偏见进行批判性质询的社会。②

原则上，评估可以由内部或外部的专家实施。其中，外部的专家所实施的评估即通常所说的第三方评估。③评估主体多元性决定着评估的公信力，以学术组织、咨询公司与大众传媒等为代表的政府外第三方评估的兴起与发展，符合"代议制政府"要求监督政府必须由委托自己权利于政府的那些人民进行的政治科学原理，是法治政府评估的潮流与趋势。④但是也要清醒地认识到，技术体系决定着评价的科学性。从现实状况来看，由于缺乏全国性的指导文件，并对法治政府第三方评估的理念、目标、定位、技术体系等进行规范，以地方或部门为主牵头展开的法治政府第三方评估工作，由于各地各部门法治发展水平和对法治推进关注点的差异和侧重，导致指标设置、评估方法

---

① 参见陈振明、薛澜《中国公共管理理论研究的重点领域和主题》，《中国社会科学》2007年第3期。

② [德] 赖因哈德·施托克曼、沃尔夫冈·梅耶：《评估学》，唐以志译，人民出版社2012年版，第4页。

③ 吴佳惠、王佳鑫、林誉：《论作为政府治理工具的第三方评估》，《中共福建省委党校学报》2015年第6期。

④ 郑方辉、尚虎平：《中国法治政府建设进程中的政府绩效评价》，《中国社会科学》2016年第1期。

乃至权重的赋值等不尽相同，甚至体系本身不同程度地存在定性、定量不够科学的缺陷。同时，由于标准不同、缺乏参照系，一方面，在很大程度上仅能局限于对本地区本部门法治水平的历时性考察，而不能展开横向比对；另一方面，繁杂的各类法治政府建设指标体系的出现及推行，也因其鲜明的"地方性"与"行业性"色彩，多多少少显现出了比较浓烈的"法治割据"或者"法治竞赛"的味道。由此，有必要探索建立全国通用的法治政府评价模型（包括第三方），以在顶层设计方面解决评估目的、内容、方法、流程、结果应用等。

实际上，我国国家制度决定，国家的性质与政府管理属性要求构建全国通用的法治政府评价模型（包括第三方）。[①] 当然，这样就会有个问题：探索建立的全国通用的法治政府评价模型（包括第三方），与各地推行的法治政府建设指标体系是什么关系？对此，可以认为，一方面，法治政府建设应该有基本要求和最低标准，站在这个角度，法治政府建设不能因为地区、层级、城乡等差异而不同，否则会阻碍国家的法制统一与法治完整。由此出发，全国通用的法治政府评价模型（包括第三方）应强化整体性与科学性，重点解决统一性（全国统一标准体系）与差异性（被评估对象的特殊性）的矛盾，作为法治政府建设体系的"基本版"，对于全国范围内指标体系的统一建设提出最低要求。另一方面，法治政府建设实践是复杂和多样的，各个地方的经济、社会、文化等条件的不平衡，自然会使法治政府建设的进度和关注点有所差异和不平衡，因此，要充分发挥地方的创造力，鼓励地方依据"顶层设计"的指导意见，根据各地法治政府建设的特色和重点，探索法治政府指标体系建设在地方层面的"充实版"。随着法治实践的发展和研究的深入，法

---

① 参见郑方辉、尚虎平《中国法治政府建设进程中的政府绩效评价》，《中国社会科学》2016年第1期。

治政府指标体系将会越来越科学。①

我国改革开放以来的法治发展得益于政府的主导和推动,从而形成政府推进型的法治演变模式,这种模式有赖于各级政府的努力。因此,调动各级政府推进法治的动力就成为这种模式努力的重点。在此背景下,如何保证法治评估作为一种可操作的量化体系,在成为各级政府的考核标准之后,不以经济绩效考核中的"锦标赛"体制在法治建设领域重演,就成为影响法治评估有效性的重要内容。"目前,法治指数的设计和推进中已经逐步出现类似的苗头。"② 但究其根本,"指标本身并不是目的。它们的目的是改变公众和决策者对问题的存在及其原因的看法,以便问题可以获得解决"③。评估不仅应该确定"人们是否在正确的道路上",而且应该确定"人们是否在做正确的事"。制度性进路指引的法治评估,坚持问题导向,考虑符合国家或地方实际的应用价值,考量其对国家或地方法治建设关键性、节点性问题解决的贡献,旨在为法治现实矛盾的解决提供准确而客观的资讯,为法治全局作出详细的描述,反映法治建设中的普遍性问题,评估结果显示的不足之处应该成为完善法治建设的重要内容。因此,实现相应的有效反馈与实践应用是影响法治评估有效性的重要方面。对于法治政府建设而言评估不是目的,对评估结果的合理有效运用才是法治政府建设评估的意义所在。④ 同时,也必须看

---

① 关于探索建立全国统一的法治建设评价体系的类似表述,参见杨小军、宋心然、范晓东《法治政府指标体系建设的理论思考》,《国家行政学院学报》2014 年第 1 期;钱弘道、戈含锋、王朝霞、刘大伟《法治评估及其中国应用》,《中国社会科学》2012 年第 4 期;等等。

② 侯学宾、姚建宗:《中国法治指数设计的思想维度》,《法律科学》2013 年第 5 期。

③ [美] 克利福德·科布、克雷格·里克斯福德:《社会指标的历史教训》,宾建成编译,《经济社会体制比较》2011 年第 5 期。

④ 杨小军、陈建科:《法治政府指标体系的构建与实施》,《中国国情国力》2016 年第 8 期。

到,"由于找出差距和不足并使之透明化都是评估的任务……也不能就据此认为评估结果的所有内容始终都会受到欢迎"①。

作为一种公众参与治理和监督公权力的模式,② 为收集公众对国家治理的感知信息,法治评估指标的设定应兼顾公众意志与法治价值。除了蕴含法律的精神外,指标体系还应考虑公众的感受,使公众利益、便民思维、服务型政府成为指标设计的内在逻辑。但是,这绝不意味着将公众对法治的主观满意度置于重要的位置,甚或"法治政府指标体系中必不可少的重要组成部分"。③ 一方面,主观指标绝非仅仅体现为社会公众对政府推进依法行政及其所取得的成效的满意度。主观指标是在欧美国家民意研究的基础上发展起来的,用来反映人们主观感受,反映人们对社会生活直接体验和人们对社会关系、社会现象主观感觉的综合质量与数量标志。④ 其中,人们的意向、意愿、倾向性或选择的指标,如对法治政府建设中某个问题重要性的看法(重要—不重要)、对推进依法行政的某项措施的赞成或反对等,个人所做的评价或估价的指标,如政府法律顾问影响决策的频率(经常—很少)、政府机关工作人员自我认知的法律信仰状况等,以及官员价值观念的指标,如法治政府建设的指导思想、基本原则等,均属于主观指标的范畴。⑤ 另一方面,民意固

---

① [德]赖因哈德·施托克曼、沃尔夫冈·梅耶:《评估学》,唐以志译,人民出版社2012年版,第223页。
② 参见钱弘道、王朝霞《论中国法治评估的转型》,《中国社会科学》2015年第5期;[德]赖因哈德·施托克曼、沃尔夫冈·梅耶《评估学》,唐以志译,人民出版社2012年版,第3—8页。
③ 袁曙宏:《关于构建我国法治政府指标体系的设想》,《国家行政学院学报》2006年第4期。
④ 郑杭生、李强、李路路:《社会指标理论研究》,中国人民大学出版社1989年版,第224—225页。
⑤ 参见李强《论主观社会指标及其在我国的应用》,《社会学研究》1986年第6期。

然重要，但民意可以被左右，甚至公众理性表达存在偏好，特别是在专业性较强的领域，如法治就因其"三维或两造"① 的结构，公众未必会对其有明晰认知。21 世纪初至今在各层次政府推行开来的以公众满意度为主的参与式绩效评价模式，将公众直观和心理上的满意度作为评价政府绩效的一个核心或唯一指标，② 作为"为和谐而竞争"的晋升锦标赛向中央政府传达地方公众对地方政府满意度的信息，③ 虽然契合了当前中国政治和法律制度改革中民主化、法治化的要求，但是公众知识的限度却可能构成对绩效评价理性化的制约，难以触及法治建设有效性的核心问题，本身并不一定能够为决策（或有效的应用）提供方案。而"评估最重要的任务就是把决策所必需的信息及时地传送给决策者"④。换言之，正如德国评估学者赖因哈德·施托克曼与沃尔夫冈·梅耶所指出的，"日常"的民意调查研究也披着评估的外衣滥用概念，但与通常的民意测验不同，评估不是要了解民意，而是包括评价以及满意度的评定。更进一步，如果评估不是专业化地按照科学的标准并在考虑到专业标准的情况下由经过专业培训的人员来实施，那么评估是危险的根源，因为它只是在一种看起来合理的基础上作出评价和决定。⑤ 类似研究，中国学者也有论述，如郑杭生、李强、李路路指出，决策不能完全按照公众意愿，因为主观指标一般提供的是解释性

---

① 张弘：《作为私权担保性质的行政法——兼及对行政法理论基础的反思与重构》，《北方法学》2015 年第 1 期。
② 王锡锌：《公众参与、专业知识与政府绩效评估的模式——探寻政府绩效评估模式的一个分析框架》，《法制与社会发展》2008 年第 6 期。
③ 陈钊、徐彤：《走向"为和谐而竞争"：晋升锦标赛下的中央和地方治理模式变迁》，《世界经济》2011 年第 9 期。
④ [德] 赖因哈德·施托克曼、沃尔夫冈·梅耶：《评估学》，唐以志译，人民出版社 2012 年版，第 324 页。
⑤ 同上书，第 69—70 页。

信息，而决策要求的是供直接应用的"操作性"信息；同时，公众的感觉与决策之间尚有较大差距，普通公众往往仅从各自侧面看待社会和提出要求，而决策者必须从总体上把握社会。①

法治评估既是一种公众参与机制，又是一种国家治理现代化的治理工具，因此测评指标的设定在兼顾公众意志与法治价值之时，要清醒地看到：一方面，以公众满意度为标准的评价模式或指标设定或会导致评估的运动化和理性匮乏；另一方面，公众参与法治评估应是一个循序渐进的过程，需要在地方治理的实践中不断地加以试错和成熟。因此，在现阶段，应以专家的"技术理性"为牵引，在广泛征求公众意见的基础上，建构指标体系，以实现公众知识和技术理性的适当结合。在此背景之下，也必然要求指标体系和测评结果的公开。社会公开的讨论虽有助于但不利于评估的实施，它会严重影响评估实现其目标的机会，但是评估作为政府治理的战略工具，倘若要想将结果付诸应用，必须提供指标体系和评估标准，由此方能激发公众参与社会问题的实质性讨论，才能平息思想观念上的冲突，才能通过解决问题的建议来形成共识的结论。

"我们历尽了千辛万苦，终于在乱麻中采获了这朵鲜花。"（莎士比亚语）包括法治评估在内的第三方评估，不仅是实现公众有序参与的重要途径，还是国家治理体系和治理能力现代化的重要方面。在中国，第三方评估，从无到有，再从有到优，依照中国特色社会主义制度不断丰富，在全国各个层面不断展开，这是一个递进、迭代的过程，又是一个"试错""实验"的过程。作为新生的事物，它或多或少还存在不少问题，但尤为可贵的是，我们已经迈出最为关键的第一步，"踏平坎坷成大道，斗罢艰险又出发"，实践仍在路上。

---

① 郑杭生、李强、李路路：《社会指标理论研究》，中国人民大学出版社1989年版，第266—267页。

附　　录

1. 2016年政务公开主要测评对象名单

（1）58个省级有关单位

省发改委、省经信委、省教育厅、省科技厅、省民宗委、省公安厅、省民政厅、省司法厅、省财政厅、省人力社保厅、省国土资源厅、省环保厅、省建设厅、省交通运输厅、省水利厅、省农业厅、省林业厅、省商务厅、省文化厅、省卫生计生委、省审计厅、省国资委、省地税局、省工商局、省质监局、省新闻出版广电局、省体育局、省安监局、省统计局、省海洋与渔业局、省旅游局、省粮食局、省人防办、省机关事务局、省食品药品监管局、省物价局、省文物局、省测绘与地理信息局、省监察厅、省外侨办、省法制办、省海港委、省金融办、省供销社、省教育考试院、省移民办、省监狱管理局、省戒毒管理局、省公务员局、省地质勘查局、省公路管理局、省港航管理局、省道路运输管理局、省档案局、省盐务局、省气象局、省地震局、省烟草专卖局。

（2）地方政府

杭州、杭州富阳区、宁波、宁波海曙区、温州、苍南县、湖州、德清县、嘉兴、嘉兴南湖区、绍兴、绍兴越城区、金华、金华婺城区、衢州、衢州衢江区、舟山、岱山县、台州、玉环县（2017年后为玉环市）、丽水、遂昌县。

2. 2017 年度法治政府建设第三方评估测评对象名单

(1) 41 个省级有关单位

省发改委、省经信委、省教育厅、省科技厅、省民宗委、省公安厅、省民政厅、省司法厅、省财政厅、省人力社保厅、省国土资源厅、省环保厅、省建设厅、省交通运输厅、省水利厅、省农业厅、省林业厅、省商务厅、省文化厅、省卫生计生委、省审计厅、省国资委、省地税局、省工商局、省质监局、省新闻出版广电局、省体育局、省安监局、省统计局、省海洋与渔业局、省旅游局、省粮食局、省人防办、省机关事务局、省食品药品监管局、省物价局、省文物局、省档案局、省测绘与地理信息局、省气象局、省地震局。

(2) 地方政府

杭州、杭州富阳区、宁波、宁波镇海区、温州、苍南县、湖州、德清县、嘉兴、嘉兴南湖区、绍兴、绍兴越城区、金华、兰溪市、衢州、衢州衢江区、舟山、岱山县、台州、玉环市、丽水、遂昌县。

3. 2018 年度法治政府建设第三方评估测评对象名单

(1) 33 个省级有关单位

省发展改革委、省经信厅、省教育厅、省科技厅、省民宗委、省公安厅、省民政厅、省财政厅、省人力社保厅、省自然资源厅、省生态环境厅、省建设厅、省交通运输厅、省水利厅、省农业农村厅、省商务厅、省文化和旅游厅、省卫生健康委、省应急管理厅、省审计厅、省税务局（国家税务总局浙江省税务局）、省市场监管局、省统计局、省广播电视局、省体育局、省粮食和物资储备局、省机关事务管理局、省人防办、省林业局、省药品监管局、省文物局、省气象局、省地震局。

(2) 地方政府

杭州、淳安县、宁波、宁波市江北区、温州、文成县、湖州、安吉市、嘉兴、海盐县、绍兴、新昌县、金华、磐安县、衢州、开化县、舟山、嵊泗县、台州、三门县、丽水、景宁畲族自治县。

4. 浙江法治政府第三方评估指标（2013—2017）

2013 年度浙江省法治政府建设第三方评估指标体系
（设区市政府）

主要指标 （一级指标）	权重	指标构成（二级指标）	权重
制度质量	14	规范性文件合法性与质量	8
		规范性文件备案审查和异议审查纠错点	6
行政行为规范	22	行政诉讼、行政复议败诉	9
		行政审批实施情况	6
		执法案卷评查	3
		政府法制工作队伍建设	4
执行力	12	贯彻中央和省委省政府重大决策与规定的情况	9
		目标群体满意度	3
透明度	14	财政透明度	6
		重点政府信息主动公开	4
		民众获取信息方便度	4
公众参与	10	规范性文件公开征求意见情况	6
		重大行政决策征求公众意见情况	4
矛盾纠纷化解	9	行政复议化解矛盾纠纷的作用发挥	5
		信访积案化解	4
公务员法律意识和素养	6	领导干部依法行政意识和能力	3
		一般公务员依法行政意识和能力	3
廉洁从政与行政问责	13	贪腐案件状况	5
		行政机关工作人员责任追究	5
		廉洁自律情况民意调查	3

2013 年度浙江省法治政府建设第三方评估指标体系
（省级有关单位）

主要指标（一级指标）	权重	指标构成（二级指标）	权重
制度质量	20	规范性文件合法性与质量	10
		规范性文件备案审查和异议审查纠错点	5
		规范性文件清理实施	5
行政行为规范	16	行政诉讼、行政复议败诉	5
		行政审批实施情况	3
		行政执法案卷评查	4
		部门法制工作队伍建设	4
执行力	10	贯彻中央和省委省政府重大决策与规定的情况	6
		目标群体满意度	4
透明度	16	行政审批事项信息主动公开	6
		三定方案与规划公开	6
		政府信息公开年度报告公开	4
公众参与	10	规范性文件公开征求意见情况	5
		门户网站互动平台设置运行情况	5
矛盾纠纷化解	9	化解矛盾纠纷满意度	5
		信访积案化解	4
公务员法律意识和素养	6	部门公务员依法办事能力与意识	6
廉洁从政	13	贪腐案件状况	5
		行政机关工作人员责任追究	5
		廉洁自律情况民意调查	3

2014年度浙江省法治政府建设第三方评估指标体系
（设区市政府）

主要指标（一级指标）	权重	指标构成（二级指标）	权重
制度质量	14	规范性文件合法性与质量	8
		规范性文件备案审查和异议审查纠错点	6
行政行为规范	21	行政诉讼、行政复议败诉	8
		重大行政决策程序规则运行情况	3
		执法案卷评查	3
		政府法制工作队伍建设	4
		法律顾问制度建立和运行	3
执行力	16	权力清单和权力运行流程图制定公开	5
		"三改一拆"和"五水共治"实施情况	3
		执行八项规定情况	3
		法规确定的配套制度制定职责履行	3
		目标群体满意度	2
透明度	17	财政透明度	4
		主动公开的其他重点政府信息公开情况	5
		依申请信息公开实测	6
		政府信息公开年度报告公开	2
公众参与	8	规范性文件公开征求意见情况	5
		重大行政决策征求公众意见情况	3
矛盾纠纷化解	5	10人以上群体性案件发生情况	5
公务员法律意识和素养	8	行政负责人出庭应诉	2
		领导干部法治思维综合情况	4
		公务员法律意识和素养民意调查	2
廉洁从政与行政问责	11	贪腐案件和渎职案件状况	5
		行政机关工作人员责任追究	4
		廉洁自律情况民意调查	2

续表

主要指标 （一级指标）	权重	指标构成（二级指标）	权重
加分项目	3.5	法治政府建设创新项目评审	2
		法治政府建设任务分解实施	0.5
		法治政府建设考评结果运用	1
扣分项目	-3	负面影响事件（今日聚焦）	-2
		不执行判决裁定	-1

2014年度浙江省法治政府建设第三方评估指标体系
（省级有关单位）

主要指标 （一级指标）	权重	指标构成 （二级指标）	权重
制度质量	21	规范性文件合法性与质量	12
		规范性文件备案审查和异议审查纠错点	5
		规范性文件清理实施	4
行政行为规范	14	行政诉讼、行政复议败诉	4
		执法案卷评查	3
		部门法制工作队伍建设	4
		法律顾问制度建立和运行	3
执行力	10	执行八项规定的情况	4
		法规确定的配套制度制定职责履行	4
		目标群体满意度	2
透明度	13	重点政府信息公开	3
		新闻发布会制度实施	1
		依申请信息公开实测	6
		政府信息公开年度报告公开	3
公众参与	10	规范性文件公开征求意见情况	5
		政务服务网咨询答复	3
		部门与公众互动	2

续表

主要指标 （一级指标）	权重	指标构成 （二级指标）	权重
矛盾纠纷化解	4	10人以上群体性案件发生情况	4
公务员法律意识和素养	6	领导干部法治思维综合情况	4
		公务员法律意识和素养民意调查	2
廉洁从政与行政问责	12	贪腐案件和渎职案件状况	5
		行政机关工作人员责任追究	5
		廉洁自律情况民意调查	2
加分项目	2.5	法治政府建设创新项目评审	2
		法治政府建设任务分解实施	0.5

2015年度浙江省法治政府建设第三方评估指标体系
（设区市政府）

主要指标 （一级指标）	权重	指标构成（二级指标）	权重
制度质量	3	规范性文件公开征求意见情况	3
行政行为规范	8	行政诉讼败诉	4
		行政合同（PPP项目）合法性审查程序	1
		政府法制工作队伍建设	2
		法律顾问制度建立和运行	1
执行力	5	配套制度制定义务履行	2.5
		权力清单更新	0.5
		政府网站可用性问题及其解决	2
透明度	8.5	财政透明度	2
		行政处罚结果公开	2
		依申请信息公开实测	3
		2014年度政府信息公开年度报告公开	0.5
		2008—2013年政府信息公开年度报告公开	1
公众参与	2	重大行政决策程序规则运行	2

续表

主要指标（一级指标）	权重	指标构成（二级指标）	权重
矛盾纠纷化解	4	行政复议化解矛盾纠纷的作用发挥	2
		10人以上群体性案件发生情况	2
公务员法律意识和素养	2	公务人员法治思维综合情况	2
廉洁从政	2.5	贪腐案件和渎职案件状况	2.5
加分项目	3	法治政府建设创新项目	1.5
		法治政府建设任务分解实施	0.5
		法治政府建设考评结果运用	1

2015年度浙江省法治政府建设第三方评估指标体系（省级有关单位）

主要指标（一级指标）	权重	指标构成（二级指标）	权重
制度质量	2	规范性文件清理实施	2
行政行为规范	5	行政诉讼败诉	2
		部门法制工作队伍建设	2
		法律顾问制度建立和运行	1
执行力	6	配套制度制定义务履行	3
		权力清单更新	1
		政府网站可用性问题及其解决	2
透明度	9.5	行政处罚结果公开	3
		2014年政府信息公开年度报告公开	1.5
		2008—2013年政府信息公开年度报告公开	2
		依申请信息公开实测	3
公众参与	3	规范性文件公开征求意见情况	3
矛盾纠纷化解	3	行政复议化解矛盾纠纷的作用发挥	2
		10人以上群体性案件发生情况	1

续表

主要指标（一级指标）	权重	指标构成（二级指标）	权重
公务员法律意识和素养	2.5	公务人员法治思维综合情况	2.5
廉洁从政	2	贪腐案件和渎职案件状况	2
法治实践	2	法治政府建设创新项目	1.5
		法治政府建设任务分解实施	0.5

2016年度浙江省法治政府建设第三方评估指标体系（设区市政府）

主要指标（一级指标）	权重	指标构成（二级指标）	权重
制度质量	10	规范性文件合法性审查与质量	10
行政行为规范	13	行政诉讼败诉	6
		重大行政决策程序规则建立健全	3
		政府法制机构向本级政府报告本级政府及部门行政合同清理落实情况	4
执行力	14	配套制度制定义务履行	8
		政务公开任务落实	3
		贯彻中央和省委省政府重大决策与规定情况	3
透明度	17	财政透明度	6
		依申请信息公开实测	6
		2015年政府信息公开工作年度报告公开	3
		政府财政专项资金管理清单公开	2
公众参与	13	重大行政决策程序规则运行	4
		规范性文件公开征求意见情况	6
		2015年度法治政府建设情况报告公开	3
矛盾纠纷化解	10	行政复议化解矛盾纠纷的作用发挥	4
		10人以上群体性案件发生情况	3
		仲裁制度落实	3

续表

主要指标 （一级指标）	权重	指标构成（二级指标）	权重
公务员法律意识和素养	12	领导干部集体学法制度建立健全及运行	4
		行政机关负责人出庭应诉	3
		政府工作报告总结或部署法治政府建设情况	3
		法治政府建设任务分解实施	2
廉洁从政	11	贪腐案件和渎职案件状况	5
		执行八项规定情况	6
加分项目	1.5	法治政府建设创新项目	1.5

2016年度浙江省法治政府建设第三方评估指标体系
（省级有关单位）

主要指标 （一级指标）	权重	指标构成 （二级指标）	权重
制度质量	12	规范性文件合法性审查与质量	8
		规范性文件清理实施	4
行政行为规范	14	行政诉讼败诉	6
		重大行政决策程序规则建立健全	4
		本系统"双随机"抽查监管办法和随机抽查事项清单落实情况	4
执行力	12	配套制度制定义务履行	6
		政策解读落实	3
		政务公开分管工作落实	3
透明度	19	财政透明度	6
		依申请信息公开实测	6
		2015年政府信息公开工作年度报告公开	4
		2008—2014年政府信息公开年度报告公开	3
公众参与	12	规范性文件公开征求意见情况	6
		2015年度法治政府建设情况报告公开	4
		政务服务网咨询答复	2

续表

主要指标 （一级指标）	权重	指标构成 （二级指标）	权重
矛盾纠纷化解	11	部门法制工作队伍建设	4
		10人以上群体性案件发生情况	4
		行政处罚结果公开	3
公务员法律 意识和素养	10	领导干部集体学法制度建立健全及运行	4
		行政机关负责人出庭应诉	3
		法治政府建设任务分解实施	3
廉洁从政	10	贪腐案件和渎职案件状况	5
		执行八项规定情况	5
加分项目	1.5	法治政府建设创新项目	1.5

2017年度浙江省法治政府建设第三方评估指标体系
（设区市政府）

主要指标 （一级指标）	权重	指标构成 （二级指标）	权重
制度质量	16	规范性文件合法性审查与质量	8
		规范性文件有效性标注	4
		规范性文件政策解读	4
行政行为规范	15	政府法制工作机构与队伍建设	5
		环保监管责任履行	5
		涉企信息统一归集公示	5
执行力	13	配套制度制定义务履行	6
		本地年度政务公开工作具体实施方案公开	3
		仲裁制度落实	4
透明度	18	财政透明度	6
		依申请信息公开实测	7
		2016年度政府信息公开工作年报公开	5
公众参与	6	规范性文件公开征求意见	4
		突发事件政务舆情回应	2

续表

主要指标 (一级指标)	权重	指标构成 (二级指标)	权重
矛盾纠纷化解	14	行政诉讼败诉	5
		10人以上群体性案件发生	3
		行政复议化解矛盾纠纷作用发挥	6
公务员法律意识和素养	13	领导干部集体学法制度运行	5
		行政机关负责人出庭应诉	4
		政府工作报告总结与部署法治政府建设	4
廉洁从政	5	贪腐案件和渎职案件状况	3
		八项规定执行情况	2
加分项目	1.5	法治政府建设创新项目	1.5

注:"规范性文件有效性标注""规范性文件政策解读""本地年度政务公开工作具体实施方案公开情况""政府财政透明度""依申请信息公开实测情况""政府工作报告总结与部署法治政府建设情况"等六项指标适用于县(市、区)测评。此外,县(市、区)政府增加测评"2016年法治政府建设情况报告"公开情况。

2017年度浙江省法治政府建设第三方评估指标体系
(省级有关单位)

主要指标 (一级指标)	权重	指标构成 (二级指标)	权重
制度质量	16	行政规范性文件合法性审查与质量	8
		行政规范性文件有效性标注	4
		行政规范性文件政策解读	4
行政行为规范	15	AB岗工作制度落实	5
		行政(部门)法制工作机构与队伍建设	6
		行政处罚结果公开	4
执行力	14	配套制度制定义务履行	6
		政务分管工作公开	3
		本部门年度政务公开工作具体实施方案公开	3
		行政审批事项调整	2

续表

主要指标 （一级指标）	权重	指标构成 （二级指标）	权重
透明度	20	财政透明度	6
		依申请信息公开实测	8
		2016年度政府信息公开工作年报公开	6
公众参与	7	行政规范性文件公开征求意见	5
		政务服务网咨询答复	2
矛盾纠纷化解	9	行政诉讼败诉	5
		10人以上群体性案件发生情况	4
公务员法律意识和素养	11	领导干部集体学法制度运行	5
		行政机关负责人出庭应诉	6
廉洁从政	8	贪腐案件和渎职案件状况	4
		八项规定执行情况	4
加分项目	1.5	法治政府建设创新项目	1.5

2018年度浙江省法治政府建设第三方评估指标体系
（设区市政府）

主要指标 （一级指标）	权重	指标构成 （二级指标）	权重
制度质量	12	规范性文件合法性与质量	8
		规范性文件有效性标注	4
行政行为规范	13	政府法律顾问制度运行	5
		涉企信息统一归集公示	5
		地方政府普法责任制落实	3
执行力	16	配套制度制定义务履行	6
		本地年度政务公开工作实施情况方案公开	3
		政务失信管理	4
		审计工作报告公开	3
透明度	23	政府财政透明度	6
		依申请信息公开实测	7
		2017年度政府信息公开工作年报公开	10

续表

主要指标 （一级指标）	权重	指标构成 （二级指标）	权重
公众参与	8	规范性文件公开征求意见	4
		突发事件政务舆情回应	2
		企业家对当地营商环境的满意度	2
矛盾纠纷化解	14	行政诉讼败诉	5
		10人以上群体性案件发生情况	3
		行政复议化解矛盾纠纷作用发挥	6
公务员法律 意识和素养	9	领导干部集体学法制度运行	5
		行政机关负责人出庭应诉	4
廉洁从政	5	贪腐案件和渎职案件状况	3
		八项规定执行情况	2
加分项目	1.5	法治政府建设创新项目	1.5

注："规范性文件有效性标注"（4分权重）、"涉企信息统一归集公示"（5分权重）、"本地年度政务公开工作实施方案公开情况"（3分权重）、"政府财政透明度"（6分权重）、"依申请信息公开实测"（7分权重）等五项指标适用于县（市、区）测评。此外，县（市、区）政府增加测评"2017年法治政府建设情况报告公开情况"（5分权重）。

2018年度浙江省法治政府建设第三方评估指标体系
（省级有关单位）

主要指标 （一级指标）	权重	指标构成 （二级指标）	权重
制度质量	12	规范性文件合法性与质量	6
		规范性文件有效性标注	6
行政行为规范	15	AB岗工作制度落实	5
		政府法律顾问制度运行	6
		行政处罚结果公开	4
执行力	13	配套制度制定义务履行	6
		政务公开分管工作公开	4
		本部门年度政务公开工作实施方案公开	3

续表

主要指标 （一级指标）	权重	指标构成 （二级指标）	权重
透明度	24	财政透明度	6
		依申请信息公开实测	8
		2017年度政府信息公开工作年报公开	10
公众参与	8	规范性文件公开征求意见	5
		社会关切回应情况	3
矛盾纠纷化解	9	行政诉讼败诉	5
		10人以上群体性案件发生情况	4
公务员法律意识和素养	11	领导干部集体学法制度运行	5
		行政机关负责人出庭应诉	6
廉洁从政	8	贪腐案件和渎职案件状况	4
		八项规定执行情况	4
加分项目	1.5	法治政府建设创新项目	1.5

5. 关于就法治政府建设专业机构测评有关基础信息和材料进行对比确认、信息征集的函（示例）

法治评估信息征集函

法评函〔2017〕02—01号

关于就法治政府建设专业机构测评有关基础信息和材料进行比对确认、信息征集的函

×××：

根据《浙江省人民政府关于印发浙江省法治政府建设实施标准的通知》（浙政发〔2013〕50号），省社会科学院按年度对全省11个设区市政府和41个省级有关单位法治政府建设状况实施专业评估。为确保评估基础数据的客观完整和评估工作的严肃、公平、公正，现将本年度测评中涉及贵单位的部分材料

和信息进行比对确认和收集，确认和收集结果将作为最终评分的重要依据。

1. 利益相关方等列席政府有关会议制度落实情况

《浙江省全面推进政务公开工作实施细则》（浙政办发〔2017〕42号）明确要求，各地各部门要建立健全利益相关方、公众代表、专家、媒体人士等列席政府有关会议的制度，切实增强决策透明度。

请问贵单位是否落实上述要求，建立健全利益相关方列席政府有关会议的制度。如有，请提供该制度的佐证材料，以及1例2017年（时间起止点为2017年1月1日至11月30日）利益相关方列席本单位有关会议的佐证材料。具体请填写附表1。

2. 领导干部集体学法制度运行

请提供2017年1月1日至11月30日，本单位领导班子集体学法的具体安排。具体请填写附表2，并提供佐证材料。

3. 行政处罚结果公开

依据《浙江省行政处罚结果信息网上公开暂行办法》（浙江省政府令第332号）第8条规定，行政执法机关应当在作出或者变更行政处罚决定之日起20个工作日内，在互联网上公开行政处罚结果信息。请问贵单位本级在2017年度（处罚日期截至2017年10月31日）是否有作出行政处罚、行政处罚决定书全文或者摘要信息是否有公开。具体请填写附表3。

4. 部门法制工作机构与队伍建设情况

请问，贵单位法规处室工作人员在本单位法规处室平均工作年限，具体请填写附表4。

5. 2012—2017年省政府规章设定的配套制度义务履行情况

经公共数据检索，发现贵单位尚有以下1种配套制度制定义务的履行情况在公共渠道中无法确切查知。若贵单位已制定，请直接填写附表5，并提供佐证材料：

《×××》第26条规定："×××主管部门建立重大建设项

目绩效监管制度，委托有关专业机构采取项目中期评估、后评价等方式，对重大建设项目实施情况和投资绩效进行评估、评价。"

请贵单位在2017年12月22日17时30分前将以上所涉情况，统一以电子邮件形式反馈给我们（邮箱：×××）；逾期未反馈的，我们将根据公共渠道收集的信息就有关指标进行测评赋分。如有疑问，各单位可联系我办×××，通过QQ（QQ：××××××××，手机：×××××××××××）获取本单位函件的Word版。基于本函件所获取的各项材料的唯一用途是2017年度浙江省法治政府建设专业机构评估工作。

此致

★特别提醒：由于反馈材料较多，请在邮件中将相关佐证材料按反馈项分别建立文件夹，以便分拣核对，避免缺漏。谢谢！

浙江省社会科学院法治政府建设专业机构评估
工作领导小组办公室
2017年12月4日

附表1　　利益相关方等列席政府有关会议制度落实情况

制度名称（或文件名称）	文号	发文日期	备注

填表说明：

1. 请填写贵单位建立健全利益相关方等列席政府有关会议的制度名称或文件名称（包括文号），以及发文日期，并附该文件的电子版作为佐证材料。

2. 请提供一项贵单位"利益相关方等列席政府有关会议制度"的运行情况个案（如有），包括但不限于新闻报道、政务信息、会议纪要等。如该个案系新闻报道、政务信息等，可在表格的"备注"栏附上网址链接即可。

3. 利益相关方等列席政府有关会议制度的运行个案的发生时间为2017年1月1日至11月30日。

附表2　　　　**领导干部集体学法制度建立健全及运行情况**

2017年1月1日至11月30日单位领导班子集体学法安排			
序号	授课内容	授课时间	授课人	佐证材料名称
1				
2				

填表说明：

1. 2017年1月1日至11月30日，本单位领导班子集体学法安排表，请填写授课内容、授课时间、授课人（包括工作单位、职务/职称等），并附佐证材料，该表格中任一授课如未附佐证材料，即视为无。

附表3　　　　**行政处罚结果信息公开情况**

（处罚日期截至2017年10月31日）

2017年度是否作出行政处罚	行政处罚决定书数量（按文号计）	公开详情			
^	^	已全部公开		未全部公开	
^	^	公开所在栏目	公开链接	未公开行政处罚决定书文号	未公开理由
	_____件				

附表4　　　　**部门法制工作机构与队伍建设情况**

本单位法规处室工作人员在本单位法规处室平均工作年限	_____年

填表说明：

1. 请据实填写本单位法规处室工作人员在本单位法规处室的平均工作年限，作为评估参考，无须提供佐证材料。

附表5　　　　**配套制度制定义务履行情况**

序号	规章依据	是否制定（仅填写是或否）	佐证材料名称	备注
1	《×××办法》第26条			

填表说明：

1. "佐证材料名称"栏中，请填写佐证材料名称，并在反馈邮件中附具体佐证材料，供核实。

6. 浙江省建设法治政府（依法行政）工作领导小组办公室关于反馈2016年度法治政府建设（依法行政）考核评价情况的函（专业机构评估情况部分）

浙江省建设法治政府（依法行政）工作领导小组办公室关于反馈2016年度法治政府建设（依法行政）考核评价情况的函（专业机构评估部分）

主要指标	指标主要构成	权重	得分	主要扣分点及存在问题（含赋分规则）
制度质量	规范性文件合法性审查与质量	8	5	一、赋分规则 每个单位从规范性文件备案管理系统随机抽取2份规范性文件，由专家就整体质量与合法性两部分进行测评。2份文件得分的平均分为本指标最终得分。 二、赋分情况 赋5分；根据专家组意见，扣分主要涉及： 1.《×××实施细则》（暂行）：（1）条款项不规范。（2）多处提"原则上"。（3）根据《国家高技术产业发展项目管理暂行办法》制定本地区、本部门实施细则，内容较多重复上位法规定，特色和可操作性欠缺。（4）文件第3、6、11、12条中分列项体例不规范，部分条文中的用语使用与上位法中规定的不一致、不准确。 2.《浙×××办法》（2016年修订）：（1）文件内容大量重复《×××》上位法规定，不具特色。（2）第16条中规定，"××××××"，处罚依据"××××××"未明示。
	规范性文件清理实施	4	2	一、赋分规则 按《浙江省行政规范性文件管理办法》第29条、第30条规定，确定是否"每隔两年组织清理"权重为2分，是否"及时公布继续有效、废止和失效的行政规范性文件目录"权重为2分。其中，清理时间超出"两年"期限半年左右，综合考虑文件流转、清理工作过程性等各种因素，不予扣分。 二、赋分情况 根据网络检索，你单位于×年×月×日发布的清理结果及其废止目录，距上次清理结果发布（2013年3月）超过两年，扣2分。

续表

主要指标	指标主要构成	权重	得分	主要扣分点及存在问题（含赋分规则）
行政行为规范	行政诉讼败诉	6	4	一、赋分规则 根据中国裁判文书网2016年1月1日至2016年12月31日行政判决书的统计，2016年度省级单位行政诉讼案件平均数为3件。行政诉讼案件总数超过3件的，每件败诉案件扣0.5分，扣完为止；行政诉讼案件总数3件或3件以下的，按2分（基准分）+4分×（1-败诉率）计算。 二、赋分情况 根据中国裁判文书网2016年1月1日至2016年12月31日行政判决书的检索，发现以你单位为被告的行政诉讼案件2件，败诉案件1件，赋4分。
	重大行政决策程序规则建立健全	4	4	一、赋分规则 根据《浙江省重大行政决策程序规定》（省政府令第337号）要求，通过函询形式征集各单位贯彻落实《浙江省重大行政决策程序规定》情况，测评其是否根据《浙江省重大行政决策程序规定》修订或重新制定本单位重大行政决策程序规定。经检索与回函确认，已制定重大决策程序规则或回函材料显示相关内容的，赋4分；回函材料为党组工作规则（会议制度）且内容涉及具体重大行政决策程序如集体讨论、风险评估、合法性审查等，赋4分；回函材料仅为党组工作规则（会议制度），但内容未涉及具体重大行政决策程序的，赋2分；未回函或无材料的，不得分。 二、赋分情况 经函件征询，你单位已制定重大行政决策程序规定，赋4分。
	本系统"双随机"抽查监管办法和随机抽查事项清单落实	4	0	一、赋分规则 根据《浙江省人民政府办公厅关于全面推行"双随机"抽查监管的意见》（浙政办发〔2016〕93号），评测"本系统的随机抽查事项清单是否公开"（权重2分）和"本系统随机抽查事项清单的完整度"（权重2分）。 二、赋分情况 根据对你单位的门户网站检索和《征询函》反馈，你单位尚未公开本系统随机抽查事项清单，本指标赋0分。

续表

主要指标	指标主要构成	权重	得分	主要扣分点及存在问题（含赋分规则）
执行力	配套制度制定义务履行	6	5	一、赋分规则 共6分。其中，去年改进情况占2分，未改进1项，扣1分，扣完为止；今年新测情况占4分，每缺失一项，扣1分，扣完为止。 赋分规则具体如下：反馈材料无相关性，扣1分/项；反馈材料与配套义务匹配程度不高，扣0.5分/项；相关配套义务未完成制定过程，扣0.5分/项；相关配套义务尚未完成制定过程，但已进入最终审议决策程序，扣0.1分/项；以相关配套义务已下放至设区市政府为由，认为省级有关单位无相关配套制度制定义务，专家组论证认为，省级有关单位未制定统一指导性制度，视为未履行指导职能，扣0.5分/项。 二、赋分情况 2016年新测情况：关于《×××条例》第41条第2款规定的配套制度，回函提供的《×××规划》中未体现"岸基"相关内容，回函材料无相关性，扣1分。
	政策解读落实	3	2	一、赋分规则 根据《浙江省人民政府办公厅关于做好行政规范性文件政策解读工作的通知》《浙江省人民政府办公厅关于进一步加强和改进政务公开工作的通知》（浙政办发明电〔2016〕74号），本指标评测，近2年内省级单位有无部署过行政规范性文件政策解读工作（如出台部门政策解读文件或工作方案），门户网站有无设立政策解读栏目，以及2016年内主要负责人是否以各种方式解读过政策，以上权重各1分。 二、赋分情况 扣1分，主要扣分点： 根据门户网站检索，你单位近2年内未部署过行政规范性文件政策解读工作，扣1分。
	政务公开分管工作落实	3	0	一、赋分规则 《浙江省人民政府办公厅关于进一步加强和改进政务公开工作的通知》要求省级单位确定1位负责人分管政务公开工作并对外公布。由此，评估项目组对省级各单位的门户网站进行外部观察，测评是否落实前述要求。其中，确定政务公开分管负责人并在网站公开的赋3分。 二、赋分情况 经对你单位门户网站测评，发现你单位未确定政务公开分管负责人并在门户网站公开，赋0分。

附　录　213

续表

主要指标	指标主要构成	权重	得分	主要扣分点及存在问题（含赋分规则）
透明度	财政透明度	6	6	一、赋分规则 该指标主要依据《预算法》《财政部关于深入推进地方预决算公开工作的通知》（财预〔2014〕36号）《财政部关于开展地方预决算公开情况专项检查的通知》（财监〔2015〕84号）《地方预决算公开操作规程》（财预〔2016〕143号）以及《关于进一步推进预决算公开工作的实施意见》（浙委办发〔2016〕56号）等进行综合测评。所有数据均以各省级单位网站公布内容为准。 二、赋分情况 部门网站设财政预决算公开专栏，按时公开部门预决算，且预决算公开内容均符合《关于进一步推进预决算公开工作的实施意见》等要求，赋6分。
	依申请信息公开实测	6	2.85	一、赋分规则 由评估项目组对省级有关单位网站进行检索并发出信息公开申请，根据部门网站提供的依申请公开基础条件以及申请反馈过程赋分。 二、赋分情况 扣3.15分；申请信息公开实测反映主要存在以下不规范、不便利等问题： 1. 部门网站检索到《×××政府信息公开暂行办法》，但内容未涉及《浙江省人民政府办公厅关于进一步加强和改进政务公开工作的通知》要求结合实际制定的依申请公开工作制度； 2. 在线申请和信函申请答复均未告知适用的法律依据及条款； 3. 在线申请和信函申请的答复均未告知法律救济途径和时效； 4. 在线申请的答复未采用加盖公章的书面形式； 5. 门户网站《依申请公开须知》中只提供现场申请和网上申请两种方式，但事实上也接受邮寄申请的形式，规定与实际不一致。
	2015年政府信息公开年度报告公开	4	2	一、赋分规则 测评各省级单位是否依据《政府信息公开条例》规定，在每年3月31日前发布本行政机关上一年度政府信息公开工作年度报告，且内容是否符合《政府信息公开条例》第32条规定。其中，是否在3月31日前公开，以及政府信息公开工作年度报告的内容是否符合《政府信息公开条例》第32条规定，各占2分权重。

续表

主要指标	指标主要构成	权重	得分	主要扣分点及存在问题（含赋分规则）
透明度	2015年政府信息公开年度报告公开	4	2	二、赋分情况 经测评，你单位按时公开政府信息公开工作年度报告，但内容缺乏《政府信息公开条例》第32条第（五）项内容，赋2分。
透明度	2008—2014年政府信息公开年度报告公开	3	3	一、赋分规则 此指标为持续跟踪指标，源于《浙江省人民政府办公厅关于印发2015年政府信息公开工作要点的通知》（浙政办发〔2015〕60号）。2015年测评发现部分省级有关单位仍未补齐2008年以来缺失的政府信息公开工作年度报告。因此，此指标2016年继续予以测评，一方面督促补齐；另一方面对2013年、2014年、2015年这3年所公开的年度报告内容进行比照，查看重复率。其中，补齐2008年以来年度报告，以及近3年年度报告重复率低于50%的，各占1.5分权重。 二、赋分情况 经测评，你单位已补齐2008年以来的政府信息公开工作年度报告，且近3年公开的年度报告内容重复率为36%，低于50%，赋3分。
公众参与	规范性文件公开征求意见情况	6	6	一、赋分规则 测评各单位以本单位名义公布的规范性文件是否在网站征求过公众意见。 二、赋分情况 测评发现，你单位制定的规范性文件均已通过网络征求公众意见，赋6分。
公众参与	2015年度法治政府建设情况报告公开	4	0	一、赋分规则 根据《中共中央国务院关于印发〈法治政府建设实施纲要（2015—2020）年〉的通知》要求，评估项目组检索单位网站并发函确认"各地各部门是否按规定公开本单位法治政府建设情况报告"。其中，未公开2015年本单位法治政府建设情况报告的，不得分；公开时间晚于2016年第一季度的，得2分。 二、赋分情况 根据网站检索和征询函确认，你单位未单独出具法治政府建设情况报告并公开，赋0分。

续表

主要指标	指标主要构成	权重	得分	主要扣分点及存在问题（含赋分规则）
公众参与	政务服务网咨询答复	2	0	一、赋分规则 浙江政务服务网"我要咨询"栏目规定，"一般信件要求在3个工作日内办结；情况复杂的，可以适当延长办理期限，但延长期限不得超过2个工作日"。因此，依据《国务院关于加快推进"互联网+政务服务"工作的指导意见》（国发〔2016〕55号）规定，通过对"我要咨询"栏目"模拟办事"的方式来测评各单位是否对有关问题进行答复，以及答复是否在规定时间内。其中，对模拟问题进行答复，以及答复期限在规定时间内，占赋1分权重。测评截止日期为2016年12月30日。 二、赋分情况 你单位对2016年12月6日所提出的咨询问题，截至12月30日，一直未予以答复，赋0分。
矛盾纠纷化解	部门法制工作队伍建设	4	2.6	一、赋分规则 2016年部门法制工作队伍建设情况体现历史延续性，以2015年得分（权重2分，得分1.55分）为基准；同时，2016年新增人员有法律职业资格的，按照0.5分/人予以加分；此外，备案系统显示报备文件迟于《浙江省行政规范性文件管理办法》第20条要求的15日的，予以扣0.5分。 二、赋分情况 你单位基准分为3.1分；但备案系统显示你单位有2份文件《×××××》（××号）、《××××》（××号）分别于2015年3月、2015年7月印发，但报备却是2016年8月，迟于《浙江省行政规范性文件管理办法》第20条规定，扣0.5分，因此，该项指标赋2.6分。
	10人以上群体性案件发生情况	4	4	一、赋分规则 普通案件扣1分/件，败诉案件扣2分/件。 二、赋分情况 根据中国裁判文书网2016年1月1日至2016年12月31日行政判决书的网络检索，未发现以你单位为被告的10人以上群体性案件，赋4分。

续表

主要指标	指标主要构成	权重	得分	主要扣分点及存在问题（含赋分规则）
矛盾纠纷化解	行政处罚结果公开	3	2	一、赋分规则 以各省级单位在浙江政务服务网公布的处罚结果为评估样本（抽样5份，不足5份的全部抽样），结合征询函反馈信息予以评估。其中，"是否在作出或者变更行政处罚决定之日起20个工作日内予以公开"，"行政处罚摘要信息是否完整"和"是否隐去应当隐去的内容"权重各占1分。不符相关规定的在各相应权重内按0.2分/件，予以扣分。 二、赋分情况 扣1分，主要扣分点： 5个样本（××号、××号、××号、××号、××号）的公开时间均超过20个工作日。
公务员法律意识和素养	领导干部集体学法制度建立健全及运行	4	1	一、赋分规则 依据各单位上报材料，领导干部集体学法制度建立健全及运行情况设置4项得分点：1.是否建立领导干部集体学法制度（1分）；2.单位法规处室工作人员是否授课（1分）；3.是否学习特别法（即行业相关法律法规等，1分）；4.是否学习一般法（即除行业相关法律法规之外的其他法律知识）。 二、赋分情况 根据数据检索以及反馈材料，你单位未就领导干部集体学法建章立制，且仅有一次法治机关讲座活动，赋1分。
	行政机关负责人出庭应诉	3	0	一、赋分规则 3分×出庭率。 二、赋分情况 根据中国裁判文书网2016年1月1日至2016年12月31日行政判决书网络检索，发现以你单位为被告的行政诉讼案件2件，行政机关负责人均未出庭应诉，得0分。
	法治政府建设任务分解实施	3	3	一、赋分规则 已有任务分解材料的，赋3分；无材料的，不得分。 二、赋分情况 根据回函反馈，已有任务分解材料。赋3分。

续表

主要指标	指标主要构成	权重	得分	主要扣分点及存在问题（含赋分规则）
廉洁从政	贪腐案件和渎职案件状况	5	5	一、赋分规则 以"人民检察院案件信息公开网"所公开的信息为准，测评2016年度相关贪腐和渎职案件的一审判决是否涉及省级单位工作人员；如有，按2分/件予以扣分。 二、赋分情况 你单位在测评周期内未有贪腐案件和渎职案件，赋5分。
廉洁从政	执行八项规定情况	5	5	一、赋分规则 省级各单位执行"八项规定"情况以中纪委、省纪委网站公开的2016年全年通报为准；每通报1件，扣0.5分。 二、赋分情况 2016年，你单位在测评周期内未曾被中纪委、省纪委通报，赋5分。
加分项目	法治政府建设创新项目	1.5	1	一、赋分规则 根据专家评审，对入选项目进行分档，按创新一档加1.5分，创新二档加1分，创新三档加0.5分，予以赋分。全省17个省级有关单位申报项目入选，一档3个，二档4个，三档10个。 二、赋分情况 申报项目《"信用浙江"建设》入选创新二档，加1分。
总分		100（不含加分项目）	65.45（含加分项目）	专业评估版块，在×个省级有关单位中排第×位。

注：（1）部分省级有关单位在评估中不参与个别指标测评，故此类指标所涉及权重不纳入总权重（总权重100分，不包括加分项目），并在相应指标得分栏中以"/"表示，最后得分按实际所计权重进行折算。具体计算公式为：原始得分/得分指标权重之和×100分＋加分项目。

（2）专业机构评估反馈表中的"总分"为最终提交数据。为便于计算与阅读，反馈表显示分数统一保留两位小数，故反馈表实际总分可能与最终提交数据（未四舍五入，excel公式计算而成）存在0.01分左右差异。

后　　记

《浙江法治政府第三方评估的理论与实践》一书的写作虽源于考评的推动，但更多的初心还在于希望通过本书客观、全面地展示浙江法治政府建设第三方评估的指标体系、评估理念以及评估方法等。虽则浙江早于2013年就在全国率先实施法治政府建设第三方评估工作，但囿于诸多原因，其评估指标体系等一直"深藏闺中"，以至于理论界有关各地法治评估模式的研究，涉及浙江的往往一笔带过，或仅提及《浙江省法治政府建设实施标准》这一文件，甚少深入探析其运作实践，当然余杭法治指数除外。但在实务界，浙江率先建立的"政府绩效评价＋第三方评价＋群众满意度评价"的法治政府建设评估模式却备受青睐，取经者不断。

总体而言，本书以记录为主，兼具思考。一方面，呈现了浙江法治政府建设第三方评估工作的七年历程（从2013年至今），既有理论概述与哲理思考，又选取若干年度的个案实践，有理有据，理论实践相互印证；另一方面，又主要以综述形式，类型化了近年来国内的各类法治评估实践，同时借鉴社会学的理论，以浙江法治政府建设第三方评估工作的实践为个案，展现了概念次序建立的过程。同时本书在客观展现浙江2016年政务公开第三方评估、2017年法治政府建设第三方评估、2018年法治政府建设第三方评估等研究报告的同时，也将测评对象以附录形式予以载明，既是印证前述研究报告的有关内容，又是一种历史的记录。全面深化改革的新时代，附录所列的诸多省级有关单位，或撤销或合并或新设，借此书留下一段它们曾经存在且作为省级执法单位而纳入省政府法治政府建设（依法行政）工作考核的历史，既是作为我们工作的记录，记录我们的坚守，又是一种资料的留存，留存它们的过去。同样是作为改革实践，浙江法治政府建设第三方评估所测评的省级有关单位，也从2013年的44个、2014年的42个、2015年的42个、2016年的43个、2017年的41个演变为2018年的33个，指标体系与测评对象在"变"与"不变"之中，客观展现了浙江法治政府建设的七年评估历程。

浙江法治政府建设第三方评估工作在启动之初，对评估所涉及的社会学、统计学等跨学科的知识尚属"懵懂"，但在多年实践以及相关理论的主动借鉴之下，浙江法治政府建设第三方评估实践，已经自觉或不自觉地回应了社会学、统计学的一般原理的要求，并在2017年起主动探索引入指标体系的信度与效度检验。既然是探索，当然可能存在诸多不足，对此，我们有着清醒认识，这也是下一步工作改进的方向。此外，由于浙江法治政府建设第三方评估"嵌入"浙江法治政府建设（依法行政）考核工作之中，涉及各方利益，因此，在七年的评估工作之中，我们主动回应各方诉求，于是，《关于就法治政府专业机构测评有关基础信息和材料进行对比确认、信息征集的函》（通常简化称之为"征询函"）、《浙江省建设法治政府（依法行政）工作领导小组办公室关于反馈×××年度法治政府建设（依法行政）考核评价情况的函（专业机构评估部分）》（通常简化称之为"反馈函"）等评估资料，从无到有，且均是评估个性化、精准化的反映。针对地方政府与省级有关单位，在各自建构指标体系并保持相对稳定性的前提下，各地各部门对指标的落实程度是不一的，因此，作为评估过程信息载体的征询函，无疑是个性化的；每个设区市政府或者省级有关单位在评估过程中收到的征询函可能都是不一样的，但也正是这样的精准化操作，帮助我们快速并有针对性地收集了大量数据信息。同时，反馈函的应用，依托于省建设法治政府（依法行政）工作领导小组办公室的权威，既让被评估对象"知其然知其所以然"，又让第三方评估结果得以付诸实践，有效解决了评估结果应用"最后一公里"的问题。由此，基于浙江的多年实践，我们始终认为，"内外结合"式的评估模式应是当前我国法治评估常态。

  饮水思源。本书的出版虽是以个人著作形式，但实际上也汇聚了集体智慧，在此，请容我保留一段私人时刻表示谢意。首先要感谢浙江省社会科学院党委书记俞世裕、院长何显明、副院长陈柳裕等院领导，他们给予评估工作的支持是浙江法治政府建设第三方评估工作能够坚持七年之久的重要原因；同时，他们也就有关研究报告的撰写提出了若干建议，从整体上提升了研究水准，当然，行文可能存在的问题由作者自负。再者，还要感谢浙江省作家协会臧军书记。他的指引与帮助，是我一生的财富，终身受益。另外，还要感谢中共浙江省委组织部项振德，中共浙江省委宣传部楼胆群，中共浙江省委网信办丁建辉、林敏、金鑫，浙江省人力社保厅陈彬，浙江工商大学法学院苏新建、朱狄敏、章安邦，浙江工业大学张艺耀、黄锴，浙江警官职业学院应方淦、华南理工大学法学院冯建鹏、浙江大学杨亮等师友在本书的写作过程中给予的支持与帮忙。还要特别感谢中国社会科学院法学所法治国情调查研究室田禾、吕艳滨研究团队的支持，部分指标也受益于与他们的交流。再者，还要感谢中国社会科学院法学所支振锋研究员的帮助。

  当然，千言万语汇成一句话，既要感谢师友支持，又要感谢所在法治评估研究团队同事的付出。作为浙江省社会科学院法治政府建设专业机构评估工作领导小组办公室副主任，在工作繁忙之际可以"偷闲"写出这本著作，尤为感谢团队成员罗利丹副研究员、弋浩婕副研究员、胡若溟博士的工作分担，他们的"给力"让本书的写作有了合理的时间保证，特别是弋浩婕副研究员帮忙分担了部分图表的制作，在此一并致以谢意。同时，还要感谢浙江省社会科学院法学所副所长唐明良研究员的支持，本书附录中所展现的2013年至2018年"浙江省法治政府建设第三方评估指标体系"，其中，2013年至2015年主要由他牵头研发，2016年至2018年由本书作者牵头研发，为全面展现浙江法治政府建设第三方评估历程，在本书中也予以一并呈现。

本书成稿于第六届世界互联网大会期间，在忙碌的大会筹备期间，看到书稿成型，确实备感欣慰。今时，时值11月，恰欲迎来感恩节，在此，也非常感谢我的父母以及我的女朋友彭佳琪，感谢他们的包容与宽容，谢谢他们的付出。

王崟屾
2019年11月1日
于杭州市凤起路620号